新道徳授業が10倍イキイキ!
対話型ワークシート題材70

―全単元評価語一覧付き―

村野 聡・保坂雅幸

編著

学芸みらい社

まえがき

　本書は、特別の教科「道徳」を対話的な学習で組み立てるためのワークシート集である。

　谷和樹編『道徳の難問・良問テーマ50＝１問選択システム"考える道徳作文"による討論授業づくり』の中で提案された内容をベースに組み立てた。谷氏の提案の画期的なところは、対話的な学習をするにあたって子供たちが意見を構築しやすいように、選択肢と共に「意見例」を示したことである。これによって考えることの苦手な子も自分の意見を構築するヒントを得ることができるようになった。このような教材はかつて存在しなかった。

　本書は谷氏の提案に加えて、道徳の教科書教材にも対応するようにした。教科書には様々な教材文があるが、同じ内容項目であれば、どの教科書教材を用いても授業ができる形に仕上げた。

　また、授業の最後に教師が行う「語り」の例文も掲載した。

　さらに、通知票への文例も全ての授業ごとに載せた。子供たちの自己評価欄も４つの観点でワークシートに添付した。これで道徳の評価は心配いらない。

　何より、道徳の授業が知的に楽しくなるワークシート集である。

　執筆は私が代表を務めるTOSS青梅教育サークルのメンバーと共編著者である保坂雅幸氏が代表を務めるTOSS立川教育サークルのメンバーが分担執筆した。

　本書の出版に際して学芸みらい社の樋口雅子氏には大変お世話になった。この本の構想はだいぶ前からあっただけに、こうして完成したことが何より嬉しい。この場を借りて感謝申し上げる。

　是非、教室で知的で対話的な道徳の新しい授業を展開していってほしい。

2019年２月

村野　聡

目　次

まえがき

教材のユースウェア　………8

第1章
低学年の新道徳で使える「ワークシート」

A　自分自身に関すること──こんなとき、どうしたらよいでしょうQ

1　物隠しを見たときはどうしますか？　………10
2　うそをついてしまったとき、どうしたらよい？　………12
3　校庭で使いたい場所が使われていたら？　………14
4　後から来た友達が近くで遊び始めたら？　………16
5　苦手なことより、好きなことをやったほうがよい？　………18
6　なかなかできるようにならないときは？　………20

B　人との関わりに関すること──こんなとき、どうしたらよいでしょうQ

7　友達に意地悪をしている子がいたら？　………22
8　「ありがとう」「こんにちは」「いただきます」で
　　いちばん大切なのは？　………24
9　感謝の気持ちを伝える方法とは？　………26
10　挨拶は大きな声が良い？　………28
11　遊ぶ約束を二つしてしまったら？　………30

| C | 集団や社会との関わりに関すること——こんなとき、どうしたらよいでしょうQ |

　　12　やってはけない遊びをしている子がいたら？　………32
　　13　休み時間、仲間はずれにされている友達がいたら？　………34
　　14　友達が当番の仕事を一緒にしてくれなかったら？　………36
　　15　お兄ちゃん、お姉ちゃんは我慢をするものなの？　………38
　　16　あなたの学校自慢は何ですか？　………40
　　17　もっと良い学校にするために、したいことは？　………42
　　18　夏と冬、どちらの季節が好きですか？　………44
　　19　日本語の分からない子が転校してきたら？　………46

| D | 生命や自然、崇高なものとの関わりに関すること——こんなとき、どうしたらよいでしょうQ |

　　20　弱っている小鳥を見つけたら？　………48
　　21　虫捕り遊びをした後はどうしますか？　………50
　　22　自分の大切な物を、小さな子に貸しますか？　………52

第2章　中学年の新道徳で使える「ワークシート」

| A | 自分自身に関すること——こんなとき、どうしたらよいでしょうQ |

　　23　正しいと思うことをはっきり言えますか？　………54
　　24　自分の不正や失敗を正直に言えますか？　………56
　　25　やりたいこと、やらなければいけないこと、の優先順位は？　………58
　　26　オンリーワンとナンバーワン、どちらの価値が高い？　………60
　　27　「周りに合わせる」「個性を発揮する」どちらが大切？　………62
　　28　できるようにならないとき、新しい目標を立てる？　………64

目　次

B　人との関わりに関すること——こんなとき、どうしたらよいでしょうQ
- 29　本当の親切とは何ですか？　………66
- 30　「感謝して生きる」と長生きできる、は本当？　………68
- 31　なぜ挨拶は大切なのでしょうか？　………70
- 32　不足分の料金を相手に伝えますか？　………72
- 33　けんかをした後、自分から声をかけますか？　………74

C　集団や社会との関わりに関すること——こんなとき、どうしたらよいでしょうQ
- 34　約束に間に合わないとき、赤信号を渡りますか？　………76
- 35　苦手な友達が隣になったらどうしますか？　………78
- 36　大災害に遭ったら、どんな行動をしますか？　………80
- 37　公園の草取りに行きますか？　………82
- 38　お手伝いをしたら、お駄賃をもらいますか？　………84
- 39　けんかが多い学級は、良い学級とは言えない？　………86
- 40　古いものと新しいもの、どちらの価値を認めますか？　………88
- 41　地元の良さは「モノ」か「ヒト」か？　………90
- 42　国語と英語の勉強、どちらが大切？　………92

D　生命や自然、崇高なものとの関わりに関すること——こんなとき、どうしたらよいでしょうQ
- 43　自分の病気を知らされたいですか？　………94
- 44　環境保護が大切？　まちおこしが大切？　………96
- 45　美しいものに対する感じ方が違ったら？　………98

第3章
高学年の新道徳で使える「ワークシート」

A　自分自身に関すること──こんなとき、どうしたらよいでしょうQ

46　自分勝手なことを言う友達に何と言う？　………100
47　夢と約束、どちらを優先する？　………102
48　修学旅行で新しい服が欲しい。どうしますか？　………104
49　夢をもつことは大切なことなの？　………106
50　強いチームに誘われたら、移籍しますか？　………108
51　習い事が上達しなくなったときは？　………110
52　家族に言われて夢を変えますか？　………112

B　人との関わりに関すること──こんなとき、どうしたらよいでしょうQ

53　プールの後のアイス、友達の分も買いますか？　………114
54　「感謝の気持ち」を家族に言葉で伝えていますか？　………116
55　近所だけどよく知らない人に、挨拶をするべき？　………118
56　「悪口を言われている」の噂にはどうしますか？　………120
57　やられたらやり返す？　それとも我慢？　………122

C　集団や社会との関わりに関すること──こんなとき、どうしたらよいでしょうQ

58　責任を果たさない人への対応は？　………124
59　SNS上で友達の悪口が流れてきたら？　………126
60　ボランティアって、誰かに言われてやること？　………128
61　親が言ってくることにイライラするときは？　………130
62　低学年の子が、女子のスカートをめくっているのを見たら？　………132

63　長年続く地域の伝統行事には参加した方がよい？　………134
　　64　城の中を博物館に改修する？　………136
　　65　世界に出て、その国のために働きたいですか？　………138

D　**生命や自然、崇高なものとの関わりに関すること——こんなとき、どうしたらよいでしょうQ**
　　66　命に関わる病気を、本人に伝えますか？　………140
　　67　便利さが優先？　自然を残すのが優先？　………142
　　68　自然は美しい？　恐ろしい？　………144
　　69　誰かを幸せにするのは、何のため？　………146
　　70　努力をすれば夢はかなうもの？　………148

教材のユースウェア － 本書の使い方ポイント

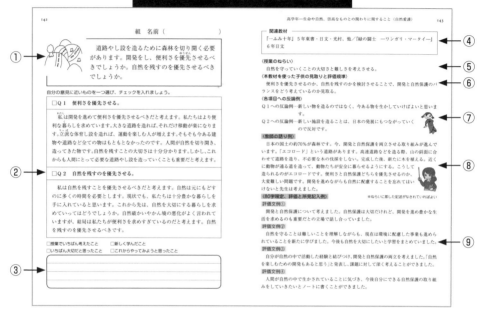

① 「**学習テーマ**」この時間に使う学習テーマです。
② 「**意見例**」自分の考えに近いものを１つ選ばせ、意見例を参考に自分の考えを書かせます。
③ 「**まとめ**」学習のまとめを書かせます。
④ 「**関連教材**」本教材と関連する教科書教材です。
⑤ 「**授業のねらい**」本教材を使った際のねらいです。
⑥ 「**本教材を使った子供の見取りと評価規準**」
　教材を使って、子供の何を見取るのかが書かれています。
⑦ 「**各項目への反論例**」討論する際の各項目に対する反論例が書かれています。
⑧ 「**教師の語り例**」学習のまとめとしての語り例が書かれています。
⑨ 「**80字限定評価と所見記入例**」教材を使った際の評価例が書かれています。
　評価文例①→授業でいちばん考えたこと
　評価文例②→新しく学んだこと
　のように多くが左側のまとめと対応しています。

授業でのマニュアル

1．関連教材を読む

(1) 関連項目に書かれている、もしくは同じ価値項目の教材を教師が読み聞かせます。
(2) 数名に感想を発表させます。

2．Qを選び、理由を書かせる

(1) 左側ページを印刷し、配布します。
(2) 「学習テーマ」を教師が読み、続いて子供に読ませます。
(3) Qと意見例を読み聞かせます。
(4) 子供にQの中から自分の意見に近いものを選ばせ、□にチェックを付けさせます。
(5) Qごとに人数を確認します。
(6) ノートに自分の意見を書かせます。

3．理由を発表させ、討論させる

(1) 書いた理由を20文字程度に要約させ、全員に黒板に書かせます。
選んだQごとに黒板を区切り、書かせると分かりやすいです。
(2) 端から発表させ、質疑応答をさせます。
「質問」「反対意見」「賛成意見」などを言わせることで自然と討論につながっていきます。
(3) 討論の終わりに、Qの人数を確認します。

4．学習をまとめる

(1) 語り例を参考に、教師が話をします。
(2) ③まとめを書かせます。4つのチェック項目のうち、1つを選ばせて書かせます。
(3) 数名に発表させて授業を終えます。教材はノートに貼らせます。

> 道徳用のノートを1冊準備させましょう。
> 意見を書かせたり、教材を貼らせたりします。

組　名前（　　　　　　　　　）

となりの クラスの 子が くつかくしを して いるのを ぐうぜん 見ました。その 子とは 一ども 話した ことが ありません。その とき、あなたは どう しますか。

自分の いけんに 近いものを 一つ えらび、チェックを 入れましょう。

☐ Q1　その 場で その 子に ちゅういを する。

　わたしは、その 場で ちゅういを します。知らない 子で あっても、いけない ことは いけない ことです。その 子が その 場で やめて くれれば、だれも いやな 思いを しないで すみます。もし、先生に ほうこくを したら、その 子が 先生に おこられて しまうかも しれません。その 子にも かくそうと した 理ゆうが あるかも しれないので、話を きいて そうだんに のって あげます。

☐ Q2　あとで 先生に ほうこくを する。

　わたしは、その 場では 何も しないで、あとで 先生に ほうこくを します。その 子が、どんな 子か わからないので、ちゅういを した ときに 何か いやな ことを 言われるかも しれません。でも、いけない ことを そのままに するのは よくないので あとで 先生に ほうこくを します。先生に 話を 聞いて もらえば きっと すっきり かいけつすると 思うからです。

☐ じゅぎょうで いちばん 考えた こと　　☐ 新しく 学んだ こと
☐ いちばん 大切だと 思った こと　　　　☐ これから やってみようと 思った こと

> ─ 関連教材 ─
> 『ダメ』『それって、おかしいよ』１年東書／『やめろよ』１年日文／『やめなさいよ』１年光村／『ぽんたと　かんた』２年日文、他／『教室でのできごと』２年光村

〈授業のねらい〉
　その場に応じた善悪の判断をし、行動しようとする心情を養う。

〈本教材を使った子供の見取りと評価規準〉
　いけない行動に対してどうするかを考えさせることで、問題行動を見たときにどのように判断し行動しようと考えているか見取る。

〈各項目への反論例〉
Ｑ１への反論例…その場で注意してけんかになったら嫌なので反対です。
Ｑ２への反論例…その場で何もしないでいるのはよくないし、その子が同じことを繰り返す気がします。

〈教師の語り例〉
　今の福島県、昔は会津藩といいましたが、「ならぬものはならぬ」つまり、ダメなものはダメというきまりがあり、子供たちはそのきまりを心の中にしっかりともっていたようです。もしも、ものすごく仲の良い友達が悪いことをしていたら、注意ができるでしょうか。難しいときもきっとあると思います。みんなが話したように、その場で注意しても、周りの大人や友達に力を借りてもいいと思います。
　大事なのは「やってはいけないことはしない」と自分でしっかりと考えられることだと先生は思います。

〈80字限定、評価と所見記入例〉　※ねらいに即した記述がなされていればよい

評価文例①
　くつかくしを見たときは、すぐに注意をするのがよいと考えました。しかし、友達の意見を聞き、先生に言うのもよいと感じたようです。何がいちばんよいか考えることができました。

評価文例②
　いけないことをしている人がいたときに、どうしたらよいのか考えていました。状況に応じて様々な考え方があることに、新たに気付くことができました。

評価文例③
　いけないことをしている人を見たら、その場で注意をした方がよいと考えました。善悪の判断をし、行動する大切さに気付きました。

評価文例④
　「いけないことをしている人を見たら、きちんと先生に報告する」と発言していました。これからもしっかりと状況を判断し、解決に向かわせたいと考えていました。

組　名前（　　　　　　　　　）

　うそを ついては いけないのですが、「しゅくだい おわったの？」と 聞かれた とき「もう おわった」と つい 言って あそびに 行って しまいました。本当は おわって いません。帰って きた 後、どう しますか。

自分の いけんに 近い ものを 一つ えらび、チェックを 入れましょう。

□Q1　うそを ついた ことを あやまって、しゅくだいを する。

　わたしは、うそを ついた ことを あやまって しゅくだいを します。うそを つくのは いけない ことです。正直に あやまるのが 大切です。後で 本当の ことが 分かったら、それこそ おこられて しまうと 思います。うそを ついた ことを あやまって、しゅくだいを した 方が よいと 思います。

□Q2　何も 言わないで、しゅくだいを する。

　わたしは、何も 言わないで しゅくだいを します。本当の ことが 分かったら、きっと おこられて しまいます。しゅくだいは、つぎの 日に 学校に もって いけば よいのです。本当の ことを 言っても 言わなくても しゅくだいを やる ことに かわりは ありません。きちんと やる ことを やれば よいのでは ないでしょうか。

□じゅぎょうで いちばん 考えた こと　　□新しく 学んだ こと
□いちばん 大切だと 思った こと　　　　□これから やってみようと 思った こと

低学年—自分自身に関すること（正直・誠実）

> **関連教材**
> 『きんの　おの』 1年光村・2年東書・日文、他

〈授業のねらい〉
　正直に言うことの大切さや難しさを考えさせる。
〈本教材を使った子供の見取りと評価規準〉
　ついうそをついてしまったときの対応を考えることで、正直に言うことの大切さと難しさをどう考えているのか見取る。
〈各項目への反論例〉
Ｑ１への反論例…正直に言った方がよいのは分かっていますが、そう簡単に言えないと思います。
Ｑ２への反論例…隠れて宿題をすることになるので、うそを通すのは難しいと思います。

〈教師の語り例〉
　実は先生も子供の頃、友達と遊ぶ約束をしていて「もう宿題をやった」とうそをついてしまったことがあります。もちろん、うそをついてしまったら正直に言うことが大切です。でも、「なかなか正直に言えない」と思う気持ちもわかります。先生はその時、正直には言えませんでした。うそはばれなかったのですが、モヤモヤした気持ちが残りました。うそをつくのはいけないことです。でも、つい、うそをついてしまうこともあるかもしれません。後で自分が後悔しないようにどうすればよいか考えてほしいと思います。

〈80字限定、評価と所見記入例〉　　　　　　※ねらいに即した記述がなされていればよい
評価文例①
　正直に話すことの大切さを考えました。うそをついてごまかしても、後で自分が嫌な思いをするから、やはり正直に話すことが大切だと考えていました。
評価文例②
　いけないことをしてしまったとき、正直に言わなければならないと分かっていながらも、なかなか行動に移せない気持ちも理解できると新たに考えていました。
評価文例③
　自身を振り返る場面では、これまでうそをついたりごまかしてしまったりしたことを思い出し、やはり素直に謝ることが大切だと発表していました。
評価文例④
　正直であることについて考えました。うそをついてはいけないとこれまで言われてきたので、これからも守っていきたいと感想を書くことができました。

組　名前（　　　　　　　　　）

休み時間に 校ていに 行くと ボールあそびが できる 場しょで おにごっこを している 子が いました。ほかの 場しょでは ボールを つかう ことは できません。あなたは どう しますか。

自分の いけんに 近い ものを 一つ えらび、チェックを 入れましょう。

☐ Q1　ほかの 場しょに いどうして もらう。

　わたしは あそんで いる 子たちに、「ほかの 場しょへ いどうして」と おねがいします。その 子たちの あそびは 校ていの ほかの 場しょでも できます。ボールを つかえる 場しょは そこしか ないので ゆずって もらいたいです。それぞれの 場しょに いどうすれば おたがいに 気もちよく あそべると 思います。

☐ Q2　ほかの 場しょで あそぶ。

　わたしは、ほかの 場しょに 行って あそぶ ことに します。先に あそんで いる 子たちに いどうして もらうのは、なんだか わるい 気が します。ボールを つかわなくても ほかの あそびが できるし、また ほかの 日に ボールで あそべば いいと 思います。校ていは みんなが つかう 場しょです。ゆずり合って つかえば、みんなが 気もちよく あそべると 思います。

☐ じゅぎょうで いちばん 考えた こと　　☐ 新しく 学んだ こと
☐ いちばん 大切だと 思った こと　　　　☐ これから やってみようと 思った こと

低学年—自分自身に関すること（節度・節制）

関連教材

『かぼちゃの　つる』1年東書・日文・光村、他／『わがままな　大男』2年東書

〈授業のねらい〉
　自分勝手にしないことの大切さや難しさを考えさせる。

〈本教材を使った子供の見取りと評価規準〉
　校庭での遊び方を考えさせることにより、どうすればみんなが楽しく公平に関われると考えているのか見取る。

〈各項目への反論例〉
Q1への反論例…先に校庭で遊んでいた人が優先だと思います。
Q2への反論例…先に遊んでいた子は他の場所でも遊べるのだから、譲ってもらったらいいと思います。

〈教師の語り例〉
　みんなが自由に使っていい校庭だからこそ、お互いに譲り合って使う必要があります。先に遊んでいた子たちは、おにごっこを楽しんでいると思います。もし、その子たちがその場所でなくてもよいというならば、移動してもらってよいでしょう。もちろんそのときは、丁寧にお願いする必要があります。そうすると、お互いに気持ち良く遊ぶことができますね。どうすればみんなが気持ち良く遊ぶことができるか、いろいろな方法を考えてほしいと思います。

〈80字限定、評価と所見記入例〉　　　※ねらいに即した記述がなされていればよい

評価文例①
　節度をもって遊ぶことの大切さを考える学習をしました。自分はよくても友達が楽しくなかったらよくないと、相手の立場を考えた意見を発表することができました。

評価文例②
　節度をもって行動する大切さを考えました。お互いに少しだけ我慢すれば、みんなが楽しく過ごせると新たな視点に気付いていました。

評価文例③
　休み時間の遊びを例に、節度について考えました。「自分がしたい遊びがあっても、誰かが場所を使っていたら我慢するのも大切である」と発表していました。

評価文例④
　譲り合うことがなぜ必要か考えました。「譲り合うことでお互い気持ち良く生活できるから、これからは自分も誰かに譲ってあげることを大切にしたい」と発表しました。

組　名前（　　　　　　　　　）

校ていで あそんで いると 後から 来た 友だちが 近くで あそびはじめました。校ていは ほかにも あそべる 場しょが あります。あなたは どう しますか。

自分の いけんに 近い ものを 一つ えらび、チェックを 入れましょう。

□Q1　ほかの 場しょに いどうして もらう。

　わたしは、ほかの 場しょで あそんでと おねがいします。校ていには ほかにも あそべる 場しょが あります。はじめに あそんで いたのは わたしたちだから、あいて いる ところで あそぶべきです。近くで あそばれると じゃまだし、ぶつかって けがを して しまうかも しれません。ほかにも あそべる 場しょが あるのだから、そっちで あそんで ほしいです。

□Q2　ほかの 場しょへ 行って あそぶ。

　わたしは、ほかの 場しょへ 行って あそぶ ことに します。校ていは 広いから、あそぶ 場しょは ほかにも あります。校ていは 学校の みんなで つかう ものです。先に あそんで いても、わたしたちが 自ゆうに つかう ことは できません。また こんど あいて いたら その 場しょで あそびます。ゆずりあって つかえば、みんなが 楽しく あそべて よいと 思います。

□じゅぎょうで いちばん 考えた こと　　□新しく 学んだ こと
□いちばん 大切だと 思った こと　　　　□これから やってみようと 思った こと

┌─ 関連教材 ─────────────────────────────┐
│ 『かぼちゃの　つる』１年東書・日文・光村、他／『わがままな　大男』２年東書 │
└──────────────────────────────────┘

〈授業のねらい〉
　譲り合って互いに気持ち良く生活するための方法を考えさせる。
〈本教材を使った子供の見取りと評価規準〉
　校庭での遊び方を考えさせることで、お互いに譲り合うことに対してどう考えているのか見取る。
〈各項目への反論例〉
　Q１への反論例…「他の場所で遊んで」と言ったらけんかになるかもしれません。
　Q２への反論例…先に遊んでいた人が優先だと思います。

〈教師の語り例〉
　遊んでいるとき、今回のような経験をした人もいると思います。みんなが自由に使っていい校庭だからこそ、お互いに譲り合って使う気持ちが必要です。先に遊んでいたのですから、その場所を使ってよいと考えるのは当然かもしれません。しかし、そこで別の場所に移動してその場所を譲ることができれば、お互いに楽しく遊ぶことができるでしょう。どうすればみんなが気持ち良く遊ぶことができるか、いろいろな方法を考えてほしいと思います。

〈80字限定、評価と所見記入例〉　　　　　※ねらいに即した記述がなされていればよい

評価文例①
　節度・節制の大切さを考えました。自分だけでなくみんなが楽しめる方法を考え、譲り合うことの大切さに気付きました。相手のことを考えた意見を発表できました。

評価文例②
　節度をもって行動する大切さを考えました。お互いに少しだけ我慢すれば、みんなが楽しく過ごせると新たな視点に気付くことができました。

評価文例③
　校庭の遊び方を例に、お互い気持ち良く生活するために大切なことを考えました。自分と違う立場の意見にも頷きながら意見を聞き、質問することで価値観を広げました。

評価文例④
　譲り合うことがなぜ必要か考えていました。譲り合うことで互いに気持ち良く生活することができると考え、自分も心がけていきたいと発表できました。

組　名前（　　　　　　　　　）

もうすぐ うんどう会です。走るのが とくいなので、かけっこで 一番を とりたいと 思って います。でも、ダンスは にが手で、まだ 上手に おどれない ところが あります。もっと よい うんどう会に する ために、本番まで どちらを れんしゅうしますか。

自分の いけんに 近いものを 一つ えらび、チェックを 入れましょう。

☐ Q1　とくいな かけっこを れんしゅうする。

　わたしは とくいな かけっこを れんしゅうします。うんどう会の かけっこで 一番を とれば、みんなからも おうちの 人からも「すごかったね」と 言って もらえるかも しれないです。それに、とくいな かけっこが どんどん はやく なれば、そのうち クラスで 一番や、学年で 一番に なれるかも しれません。とくいな ことを どんどん がんばった 方が、うんどう会の ぜんぶの しゅ目に やる気も 出ると 思うので、わたしは かけっこを れんしゅうします。

☐ Q2　にが手な ダンスを れんしゅうする。

　わたしは にが手な ダンスを れんしゅうします。まだ できない ところが あると いう ことは もっと 上手に なる かのうせいが あると いう ことです。にが手な ことでも チャレンジする ことは 大切な ことです。がんばって できた ときには、とても たっせいかんが あると 思います。それに、みんなで する ダンスで、一人だけ まちがえて しまったら めいわくにも なります。だから わたしは ダンスを れんしゅうします。

☐ じゅぎょうで いちばん 考えた こと　　☐ 新しく 学んだ こと
☐ いちばん 大切だと 思った こと　　　　☐ これから やってみようと 思った こと

低学年―自分自身に関すること（個性の伸長）

> ― 関連教材 ―
> 『みんな　じょうず』１年光村／『ありがとう、りょうたさん』２年東書／『いいところ　みいつけた』２年日文

〈授業のねらい〉
　自分の特徴を捉え、良い方向に伸ばそうとする意欲を養う。
〈本教材を使った子供の見取りと評価規準〉
　得意なことを頑張るか、苦手なことを頑張るかを考えさせることによって、どのように個性を伸ばそうとしているかを見取る。
〈各項目への反論例〉
　Ｑ１への反論例…練習しても速くなるとは限らないと考えます。
　Ｑ２への反論例…苦手なことを練習しようと思っても、やる気が出ないと思います。

〈教師の語り例〉
　先生は、小さいころはとてもおとなしくて、お友達といても、うまく自分のことを話せないときもありました。ある時、担任の先生に「○○さんは、いつもにこにこして、友達に優しいね」と言われたことがありました。私はとても嬉しかったです。おとなしいことはあまりよくないことだと思っていましたが、いいところにもなるんだなと思いました。皆さんにも得意なこと、苦手なことがあると思います。みなさんの得意なこと、苦手なことすべて含めて個性といいます。得意なことを伸ばす、苦手なことを克服する。どちらも自分自身を成長させることにつながります。個性を伸ばして、充実した生活を送っていきましょう。

〈80字限定、評価と所見記入例〉　　　　※ねらいに即した記述がなされていればよい
評価文例①
　あきらめずに挑戦することの良さに気付きました。納得のいく結果にならなかったとしても、努力し、力を付けていくことに意味があるのだと考えることができました。
評価文例②
　自分の良さを伸ばすためには、苦手なことを補うことも大事だと知りました。様々なことにチャレンジして個性を伸ばそうという意欲をもちました。
評価文例③
　これからも得意なことを伸ばそうと考えていました。何よりも、「自分の個性を大事にし、明るく過ごすことこそ大切なのだ」と発表できました。
評価文例④
　自分の良さを伸ばしていくためには得意なことを磨いていくことが大切であるということに気付き、「これからもサッカーを頑張りたい」という感想をもちました。

組　名前（　　　　　　　　　）

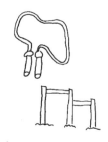

さか上がりや なわとびが できるように なりたいと 思い、一人で れんしゅうを はじめました。しかし、なかなか できるように なりません。そんな とき、あなたは どう しますか。

自分の いけんに 近い ものを 一つ えらび、チェックを 入れましょう。

□Q1　家ぞくや 友だちに れんしゅうを 手つだって もらう。

　わたしは、家ぞくや 友だちに れんしゅうを 手つだって もらいます。だれかに、手つだって もらったら、すぐに できるように なるかも しれないからです。できるように なる ための コツを 聞いたり、おうえんして もらったり します。一人で 考えて れんしゅうするのは たいへんです。だから わたしは、家ぞくや 友だちに れんしゅうを 手つだって もらいます。

□Q2　一人で れんしゅうを つづける。

　わたしは、一人で れんしゅうを つづけます。何ども れんしゅうを すれば、できるように なると 思います。また、一人で がんばって れんしゅうを して、できるように なった ときは とても うれしいと 思います。そして、だれかに 手つだって もらって れんしゅうを した ときより、うれしい 気もちが 大きいと 思います。だから わたしは、一人で れんしゅうを つづけます。

□じゅぎょうで いちばん 考えた こと　　□新しく 学んだ こと
□いちばん 大切だと 思った こと　　　　□これから やってみようと 思った こと

低学年―自分自身に関すること（希望と勇気、努力と強い意志）

関連教材

『うかんだ　うかんだ』１年東書／『さかあがり　できたよ』２年東書／『なわとび』２年日文、他／『こうさとびができた』２年光村

〈授業のねらい〉
　自分で決めたことをやり遂げようとする心情を育てる。

〈本教材を使った子供の見取りと評価規準〉
　できないことへの取り組み方を考えさせることにより、目標に向かって取り組むことの大切さや難しさをどう考えているのか見取る。

〈各項目への反論例〉
Ｑ１への反論例…助けてもらってもできなかったら、手伝ってくれた人たちに、申し訳ないと思います。
Ｑ２への反論例…一人で練習してもできないことはたくさんあると思います。

〈教師の語り例〉
　先生は逆上がりがとても苦手でした。でも、休み時間や放課後、一人で何度も練習しました。時には友達にコツを聞いたり、手伝ってもらったりして練習しました。そのようなことを繰り返して、３年生の時にできるようになりました。その時は本当に嬉しかったです。一人で練習を続けること、誰かと一緒に練習をすること、それぞれ良いところがありますね。大切なのは、今できなくても、諦めずに最後まで取り組むことです。必ずできるようになると信じて、努力していきましょう。

〈80字限定、評価と所見記入例〉　　　　　　　※ねらいに即した記述がなされていればよい

評価文例①
　自分で決めたことを最後までやり遂げることの大切さについて考えました。苦手なことにも挑戦しようという気持ちが高まり「逆上がりの練習をしたい」と発表しました。

評価文例②
　目標を達成するためには、一生懸命取り組むことが大切だと新たに学びました。これから頑張りたいことをノートに書き、友達と意見交流することができました。

評価文例③
　「なかなか目標が達成できないときどうするか」をテーマに話し合いをしました。諦めずに一人で練習を続けることが大切だと思うと発表し、友達の共感を得ていました。

評価文例④
　努力をテーマにした学習の中で、諦めずに取り組む大切さと難しさに気付きました。今後は、多くの人からアドバイスを聞き、努力したいとノートにまとめていました。

組　名前（　　　　　　　　　）

友だちに いじわるを して いる 子が います。ほかの 友だちは 気が ついて いないようです。いじわるに 気づいて いるのは あなただけです。あなたは どう しますか。

自分の いけんに 近い ものを 一つ えらび、チェックを 入れましょう。

□Q１　いじわるを やめさせる。

　わたしは、いじわるを して いる 子に やめるように 言います。いじわるされて いる 子が かわいそうだからです。すぐに たすけて あげた 方が よいと 思います。いじわるを して いる 子も いじわるを つづけたら 友だちが いなく なって しまいます。自分が いじわるして いる ことに 気が ついて いないのかも しれません。どちらも かわいそうなので やめさせた 方が よいと 思います。

□Q２　だれかに そうだんする。

　わたしは、だれかに いじわるの ことを そうだんします。自分だけでやめさせたら、こんどは わたしが いじわるを されるかも しれません。友だちに 話して いっしょに やめるように 言ったり、先生や おうちの 人に 話して よい 方ほうを 教えて もらったり します。そうすれば、うまく かいけつできると 思います。まずは だれかに そうだんするのが よいです。

□じゅぎょうで いちばん 考えた こと　　□新しく 学んだ こと
□いちばん 大切だと 思った こと　　　　□これから やってみようと 思った こと

低学年―人との関わりに関すること（親切・思いやり）

> **関連教材**
> 『はしの　うえの　おおかみ』１年東書・日文・光村、他／『こまっている子がいるよ』２年光村

〈授業のねらい〉
　問題行動を見たときに、解決する方法を考えさせる。

〈本教材を使った子供の見取りと評価規準〉
　意地悪をしている子への対応を考えさせることで、問題行動に対しどのような方法で解決するべきと考えているのか見取る。

〈各項目への反論例〉
Ｑ１への反論例…意地悪ではなくて、ふざけて遊んでいるだけかもしれません。
Ｑ２への反論例…誰かに相談しても解決しないで、もっと悪くなるかもしれません。

〈教師の語り例〉
　誰だって意地悪されたら嫌な気持ちになりますね。自分からやめてと言えたらよいのですが、怖くて言えないのかもしれません。本当は助けてほしいのに、何か理由があって助けを求めることができないのかもしれません。もし自分の家族や仲良しの友達が困っていたら、きっとすぐに助けたくなると思います。自分で行動する、誰かに相談する、どちらも良い方法です。自分に何ができるのかを考えて、すぐにそれを実行できたら素晴らしいですね。

〈80字限定、評価と所見記入例〉
※ねらいに即した記述がなされていればよい

評価文例①
　「友達が悩んでいる様子を見たときは、その子に話しかけてみる」と発表しました。見て見ぬふりをせずに気になったらすぐ行動する大切さを学びました。

評価文例②
　友達とのトラブルで困っている友達を助ける方法を話し合いました。すぐにやめさせるだけでなく、大人に助けてもらう方法もあると新たな視点に気付くことができました。

評価文例③
　思いやりの大切さを学ぶ授業では、何でも自分一人で解決しようとせず、人に助けてもらうことの大切さに気付くことができました。

評価文例④
　困っている友達のためにできることは何かを話し合いました。もし、その子が嫌なことをされているなら、一緒に「やめて」と言いたいと感想に書いていました。

組　名前（　　　　　　　　　　）

「ありがとう」「こんにちは」「いただきます」。あなたが いちばん 大切に したい ことばは どれですか。

自分の いけんに 近い ものを 一つ えらび、チェックを 入れましょう。

☐Q1　「ありがとう」を 大切に したい。

　わたしは、「ありがとう」を 大切に したいです。なぜなら 家ぞくや 友だち、ちいきの 人など おせわに なって いる 人たちへ かんしゃの 気もちを つたえる ことが いちばん 大切だと 思うからです。

☐Q2　「こんにちは」を 大切に したい。

　わたしは、「こんにちは」を 大切に したいです。なぜなら 「こんにちは」は、知って いる 人にも 知らない 人にも 言う ことが できるからです。そして、毎日 つかう ことばだからです。あいさつを するのは 大切だと 思います。

☐Q3　「いただきます」を 大切に したい。

　わたしは、「いただきます」を 大切に したいです。なぜなら 「いただきます」は、ごはんを 食べる ときに 言うからです。ごはんを 作ってくれた 人、ごはんの ざいりょうに なった どうぶつや しょくぶつに かんしゃする ことばだからです。

☐じゅぎょうで いちばん 考えた こと　　☐新しく 学んだ こと
☐いちばん 大切だと 思った こと　　　　☐これから やってみようと 思った こと

関連教材

『ありがとう』１年日文／『ありがとうが　いっぱい』『みんな　みんな、ありがとう』１年光村／『ありがとうの手紙』２年光村

〈授業のねらい〉

　感謝を伝える言葉や挨拶の大切さについて考えさせる。

〈本教材を使った子供の見取りと評価規準〉

　感謝を伝える言葉や挨拶について、それぞれの意義をどう考えているか見取る。

〈各項目への反論例〉

Ｑ１への反論例…感謝の気持ちは、他の言葉でも伝わると思います。
Ｑ２への反論例…感謝を伝える言葉の方が大事だと思います。
Ｑ３への反論例…たくさん使われる言葉の方が大事だと思います

〈教師の語り例〉

　「ありがとう」「こんにちは」「いただきます」それぞれとても大切な言葉です。挨拶をしたり感謝を伝えたりすることで、言われた相手も嬉しくなるし、言った人の心も明るくなります。これは、先生だけが思っていることではありません。数多くのお医者さんも研究の結果から、先生と同じことを言っています。良い言葉を言ったり、人から言われたりすると脳から、良い「ホルモン」というものが出てきます。この良い「ホルモン」が出ると、人は幸せを感じて、嬉しくなります。先生は、自分や相手を嬉しくさせる言葉をたくさん使ってほしいなと思います。

〈80字限定、評価と所見記入例〉　※ねらいに即した記述がなされていればよい

評価文例①

　言葉の大切さを考える学習の中で「いつもお世話になっている人たちにありがとうと言いたい」と発表しました。身の回りの人たちへ感謝の気持ちをもつことができました。

評価文例②

　感謝の気持ちを伝える方法について考えました。心を込めて挨拶することも、感謝を伝える一つの方法だと気が付きました。新たな考えをもつことができていました。

評価文例③

　何かをしてもらったときだけでなく、いつも家族や友達に対して感謝の気持ちをもつことがいちばん大切だと気付きました。「ありがとう」の言葉をもっと使いたいと発表しました。

評価文例④

　「いただきます」には、生物への感謝も含まれていることを知り、「これからは心を込めて言いたい」と感想に書くことができました。

組　名前（　　　　　　　　　　）

遠くに すんで いる おじいちゃん、おばあちゃんに かんしゃの 気もちを つたえたいと 思います。手紙か 電話、どちらで つたえたら よいでしょうか。

自分の いけんに 近い ものを 一つ えらび、チェックを 入れましょう。

□Q1　手紙で つたえる。

　わたしは、手紙で かんしゃの 気もちを つたえます。じっくり 考えて つたえる ことが できるからです。直せつ 会うと はずかしくて ありがとうと 言えません。手紙なら 字が のこって、かんしゃの 気もちが しっかり つたわる 気が します。また 手紙が のこって 後から 読みかえして もらえます。うれしい 気もちを 何ども かんじて もらえると 思います。

□Q2　電話で つたえる。

　わたしは、電話で かんしゃの 気もちを つたえます。直せつ 会えなくても、電話で 話を すれば 同じように かんしゃが つたわると 思います。電話なら 気もちを つたえる ことも はずかしく ないです。おたがいに 声も 聞けるので 直せつ 会って 話して いるのと あまり かわりません。文字に するよりも 声で つたえた 方が かんしゃの 気もちが つたわる 気が します。

□じゅぎょうで いちばん 考えた こと　　□新しく 学んだ こと
□いちばん 大切だと 思った こと　　　　□これから やってみようと 思った こと

関連教材

『ありがとうが　いっぱい』『みんな　みんな、ありがとう』１年光村／『ありがとう』１年日文／『ありがとうの手紙』２年光村

〈授業のねらい〉
　日頃お世話になっている人々への感謝の伝え方を考えさせる。

〈本教材を使った子供の見取りと評価規準〉
　電話か手紙、どちらで感謝の気持ちを伝えるか考えさせることで、どの方法がより気持ちが伝わると考えているのか見取る。

〈各項目への反論例〉
Ｑ１への反論例…手紙だと感謝の気持ちが伝わったのかわかりません。
Ｑ２への反論例…相手が忙しいときに電話をしてしまったら迷惑になってしまうと思います。

〈教師の語り例〉
　皆さんも家族や友達にありがとうと言われて嬉しくなった経験があることでしょう。自分だったら、どんな方法で感謝の気持ちを伝えてもらいたいですか。手紙・電話、それぞれの良さがありますね。どちらの方法を使ったとしても、感謝の気持ちは必ず相手に伝わります。お世話になっているけれど、遠くに住んでいてなかなか会えない人は皆さんにはいるでしょうか。手紙や電話で感謝の気持ちを伝えてみませんか。きっと喜んでくれると思います。

〈80字限定、評価と所見記入例〉　※ねらいに即した記述がなされていればよい

評価文例①
　感謝の気持ちを伝える方法を考えました。手紙は相手が何度も読み返すことができるので、気持ちが伝わるのではないかと、意見を発表できました。

評価文例②
　感謝をテーマにした学習では、気持ちを伝えることの大切さを考えていました。手紙や電話など感謝を伝える方法は様々あり、それぞれ良い点があると新たに気付きました。

評価文例③
　遠くに住んでいる人にどうやって感謝の気持ちを伝えたらよいかを話し合いました。すぐに気持ちを伝えるのが大切だから、電話を使うのがよいと考えることができました。

評価文例④
　感謝の気持ちの伝え方はどの方法がいちばんよいか、友達と話し合いました。「まだ書いたことのない手紙で伝えてみたい」と発表していました。ぜひ実践してほしいです。

組　名前（　　　　　　　　　　）

家ぞくから「大きな 声で はっきりと あいさつしなさい」と 言われました。あいさつは、いつでも 大きな 声で した 方が よいのでしょうか。

自分の いけんに 近い ものを 一つ えらび、チェックを 入れましょう。

□Q1　いつでも 大きな 声で した 方が よい。

　わたしは、あいさつは いつでも 大きな 声で した 方が よいと 思います。大きな 声で 元気に あいさつを すると、気もちが よいからです。前に 近じょの おばあさんに 大きな 声で あいさつを して ほめられた ことが あります。きっと、あいさつされた 方も、気もちが よかったのだと 思います。だから わたしは、あいさつは いつでも 大きな 声で した 方が よいと 思います。

□Q2　大きな 声で しなくても よい ときが ある。

　わたしは、あいさつを、大きな 声で しなくても よい ときが あると 思います。へやの 中で 大きな 声で あいさつされたら びっくりして しまいます。前に、弟から 大きな 声で「おはよう」と 言われて、びっくりした ことが あるからです。元気の よい あいさつを するのは 大切ですが、時と 場合に よると 思います。だから わたしは、あいさつを 大きな 声で しなくても よい ときが あると 思います。

□じゅぎょうで いちばん 考えた こと　　□新しく 学んだ こと
□いちばん 大切だと 思った こと　　　　□これから やってみようと 思った こと

─ 関連教材 ─
『あいさつ』１年東書・日文／『どんな　あいさつを　しますか』１年日文／『「あいさつ」って　いいな』２年東書／『あいさつ月間』２年光村

〈授業のねらい〉
　誰に対してもすすんで気持ちの良い挨拶をする心情を育成する。
〈本教材を使った子供の見取りと評価規準〉
　気持ちの良い挨拶とはどのようなものかを考えさせることで、時、場所、相手に合わせた挨拶の仕方をどう考えているか見取る。
〈各項目への反論例〉
Ｑ１への反論例…病気の人やお年寄りに大きな声でびっくりさせると困ると思います。
Ｑ２への反論例…相手の人が無視されたと思い、仲が悪くなると思います。

〈教師の語り例〉
　挨拶はとても大切です。挨拶はしてもされても、お互いに良い気持ちになります。毎日みんなと挨拶をしていると先生はとても嬉しく、明るい気持ちになります。いつでも元気に大きな声で挨拶ができるのは素晴らしいことです。これからも心がけてください。一方、病院や美術館など静かにしなくてはいけない場所もあります。そういう所での挨拶はどのようにしたらよいでしょうか。相手や時間、場所に応じた挨拶の仕方をこれから考えていきましょう。

〈80字限定、評価と所見記入例〉　　※ねらいに即した記述がなされていればよい
評価文例①
　相手によって挨拶の仕方を変えることの大切さに気付きました。友達や家族への普段の挨拶について振り返ることができました。
評価文例②
　普段の挨拶について振り返り、気を付けたいこととその理由を相手の気持ちになって考えていました。家族への挨拶の仕方について発表することができました。
評価文例③
　相手に合わせて、挨拶を変化させることの大切さを理解しました。朝学校に来たら、明るく元気の良い挨拶をしていきたいと感想を書いていました。
評価文例④
　相手に合わせた挨拶の大切さに気付きました。大人には「おはようございます」、友達には「おはよう」と、相手に合わせた挨拶をしたいとノートに書いていました。

組　名前（　　　　　　　　　）

ふだん、いっしょに あそばない 友だちと あそぶ やくそくを しました。その後 同じ 日に、いつも いっしょに あそんで いる 友だちから、「二人で あそぼう」と、言われました。どう しますか。

自分の いけんに 近い ものを 一つ えらび、チェックを 入れましょう。

□Q1　なかの よい 友だちと あそびに 行く。

　わたしは、なかの よい 友だちと あそびに 行きます。いつも いっしょに あそんで いる 友だちは とても なかよしなので おたがいに なかよく 気もちよく あそべます。あまり あそんだ ことの ない 友だちと あそぶと、気を つかって つかれて しまうかも しれません。もう 少し なかよく なってから、また さそって、あそぶ やくそくを すれば よいと 思います。

□Q2　先に やくそくした 友だちと あそびに 行く。

　わたしは、ふだん いっしょに あそばない 友だちと あそびに 行きます。先に した やくそくを ことわって、いつも あそんで いる 友だちとの やくそくを ゆうせん させたら、その 子を かなしませる ことに なると 思います。いっしょに あそんで みたら、気が 合って なかの よい 友だちに なれるかも しれません。なかの よい 友だちは また いっしょに あそべると 思います。

□じゅぎょうで いちばん 考えた こと　　□新しく 学んだ こと
□いちばん 大切だと 思った こと　　　　□これから やってみようと 思った こと

低学年—人との関わりに関すること（友情・信頼）

― 関連教材 ―
『二わの ことり』 1年光村・東書・日文、他

〈授業のねらい〉
　友達と誠実に向き合い、仲良く過ごそうとする心情を養う。

〈本教材を使った子供の見取りと評価規準〉
　約束を二つしてしまったときの行動を考えさせることで、友達に対する誠実な対応をどう考えているのか見取る。

〈各項目への反論例〉
　Q1への反論例…いろいろな人と仲良くした方がよいと考えます。
　Q2への反論例…仲良しの友達を悲しませてしまう気がするので心配です。

〈教師の語り例〉
　先生が小学生の頃、仲良しの友達がいました。ほとんど毎日、遊んでいました。ある日、いつものように約束をして公園で待っていたのですが、いつになっても来ません。次の日学校で先生はその子のことを無視してしまいました。それからあまり遊ばなくなりました。後から話を聞くと、その日は家の大事な用事で、帰った後すぐに出掛けていたそうです。きちんと話をしていれば今でも仲良しだったかな、と後悔しています。今回の課題、誰かと遊ぶ約束をしているときに、他の子から誘われることは生活の中であると思います。どちらと遊ぶにしても、大切なのは、きちんと話をして、お互いに納得することです。それが友達を大切にすることにつながるのです。

〈80字限定、評価と所見記入例〉　　　　※ねらいに即した記述がなされていればよい

評価文例①
　二つ約束をしてしまったときには、仲の良い友達に誘われても、先にした約束を優先すると考えました。分け隔てなく友達と接することが重要だと考えることができました。

評価文例②
　普段遊んだことのない子でも積極的に声を掛けて、もっと友達をつくりたいと考えました。いろいろな人と関わる中で、友情は育まれていくものだと知りました。

評価文例③
　友情について考える学習では「仲の良い友達をずっと大切にしていきたい」と発言しました。友達関係をどのように築いていくのかを深く考えていました。

評価文例④
　友達と遊び、関わることの楽しさについて発表しました。これからも友達とたくさん遊んで仲を深めていこうという感想をもちました。

組　名前（　　　　　　　　　）

公園に あそびに 行くと ボールで あそんで いる 子が います。公園では ボールあそびは きんし されて います。公園には ほかに あそんで いる 人は いません。あなたは どう しますか。

自分の いけんに 近い ものを 一つ えらび、チェックを 入れましょう。

☐Q1　ちゅういする。

　わたしは、ボールを つかって あそんで いる 子に やめるように ちゅういします。公園は ボールを つかっては いけない ルールなのだから、すぐに やめさせなければ いけません。ボールが ほかの 人に 当たったり、ものを こわして しまったら 大へんです。みんなに めいわくを かけないように ルールが あると 思います。きまりを まもらないと みんなに めいわくです。

☐Q2　ほかの 場しょで あそぶ。

　わたしは、ほかの 場しょへ 行って あそぶ ことに します。ボールを つかって いる 人が いると あぶないし、ケガを させられるかも しれません。きまりを まもらない 人に まきこまれて、いやな 思いを したく ありません。もし、その 子たちが その 場しょで ボールあそびを つづけたら、大人が ちゅういして くれると 思います。わたしは、ほかの 場しょで あそびます。

☐じゅぎょうで いちばん 考えた こと　　☐新しく 学んだ こと
☐いちばん 大切だと 思った こと　　　　☐これから やってみようと 思った こと

低学年―集団や社会との関わりに関すること（規則の尊重）

関連教材

『きいろい　ベンチ』２年東書・光村、他

〈授業のねらい〉

　規則を守ることの大切さを考えさせる。

〈本教材を使った子供の見取りと評価規準〉

　ルールを守らない子を見たときの対応を考えさせることで、規則を守る大切さをどう考えているのか見取る。

〈各項目への反論例〉

Ｑ１への反論例…注意してもボール遊びをやめないかもしれません。

Ｑ２への反論例…ボールを使ってはいけないことを知らないのかもしれ
　　　　　　　　ないから教えてあげた方がよいと思います。

〈教師の語り例〉

　公園だけでなく、学校にもルールがあります。なぜルールはあるのでしょうか。ルールを守らず、みんなが自分勝手に過ごしていたら、困ってしまいます。今回の課題、ルールを守らない人を見たときの対応ですが、注意できれば素晴らしいです。しかし、相手が年上だったり知らない子だったりすると難しいかもしれません。そんなときは先生や家族に相談するのもよいと思います。なにより皆さん自身がルールを守る生活をしてほしいです。

〈80字限定、評価と所見記入例〉　　　　　　※ねらいに即した記述がなされていればよい

評価文例①

　規則の大切さを考える授業では、相手の立場になって考えることの大切さに気付きました。自分はそのつもりがなくても相手に迷惑をかけることもあることを学びました。

評価文例②

　なぜルールが必要なのかを考え、友達と意見交換をしました。「ルールがあると安心して生活することができる」と、ノートに書いたことを発表しました。

評価文例③

　規則を守らないとどんなことが起こるかを考えました。これまでルールを守らなかったことがあったから気を付けたいと、自分の行動を見直すことができました。

評価文例④

　規則を守る大切さを考えました。「誰も見ていなくても、だめなことはしないようにする」と、これからの自分のとるべき行動を発表することができました。

組　名前（　　　　　　　　　　）

休み時間に みんなと 楽しく あそんで いると、なかまはずれに されて いる 友だちが いました。あなたなら どう しますか。

自分の いけんに 近い ものを 一つ えらび、チェックを 入れましょう。

□Q1　なかまに 入れて みんなと いっしょに あそぶ。

　わたしは、なかまに 入れて みんなと いっしょに あそびます。たくさんの 友だちと あそんだ 方が たのしいからです。前に クラスで あそんだ ときも、みんなと あそんだので、とても 楽しかったです。また、なかまはずれに するのは いけない ことだと 思います。一人で あそんでいる 子が いたら、さそって あげたいです。だから、わたしは、なかまに 入れて みんなと いっしょに あそびます。

□Q2　なかまはずれに なって いる 子と 二人で あそぶ。

　わたしは、なかまはずれに なって いる 子と 二人で あそびます。ほかの あそびを しようと さそいます。そうすれば その 子も よろこぶと 思います。もしかしたら、その 子には 大人数で あそびたく ない 理ゆうが あるのかも しれません。まずは、二人で あそんだ 方が、その 子も 楽しめると 思います。だから、わたしは、なかまはずれに なって いる 子と 二人で あそびます。

□じゅぎょうで いちばん 考えた こと　　□新しく 学んだ こと
□いちばん 大切だと 思った こと　　　　□これから やってみようと 思った こと

低学年―集団や社会との関わりに関すること（公正、公平、社会正義）

関連教材

『みんな　いっしょ』1年東書／『かずやくんの　なみだ』1年日文／『およげない りすさん』2年日文・光村

〈授業のねらい〉
　どの子とも仲良く接する心情を育成する。
〈本教材を使った子供の見取りと評価規準〉
　友達が仲間外れにされているときの対応を考えることで、どの子とも同じように接することの大切さをどう考えているかを見取る。
〈各項目への反論例〉
Q1への反論例…他の友達に「やだよ」と言われたらどうしたらいいかわからないので反対です。
Q2への反論例…一緒に遊んでいて、自分も仲間外れにされたら嫌なので反対です。

〈教師の語り例〉
　本当に仲の良いクラスというのは、クラス全員が仲良く遊ぶことができるクラスです。でも、それは難しくて、先生が小学生の時にはできませんでした。しかし、ずっとみんなで遊べるようになればいいなと思っていました。もし、仲間外れにされている子を見つけたとき、みんなの仲間に入れることも、二人で遊ぶことも良い方法だと思います。この1年間、どの子とも仲良く遊ぶことができるようになってください。きっと、みなさんならできると思います。

〈80字限定、評価と所見記入例〉　　　　　　　※ねらいに即した記述がなされていればよい

評価文例①
　公平をテーマにした学習で、友達を仲間外れにすることは良くないことだと考えていました。もし一人でいる子を見つけたら、一緒に遊びたいとノートに書きました。

評価文例②
　仲間外れは本当に良くないことだと学習を通して気付きました。一人でいる子を見つけたら、自分から声をかけたいと発表できました。

評価文例③
　「仲間外れにされている子を見たときどうするか」をテーマに話し合いました。みんなと仲良く遊ぶことの大切さに気付き、友達を大切にする気持ちを高めていました。

評価文例④
　みんなで仲良く遊ぶために大切なことを考えました。今後仲間に入れない子がいたら、友達と一緒に声をかけ、仲の良いクラスをつくっていきたいと発表できました。

組　名前（　　　　　　　　　）

きゅう食当番の はんの 子が、かたづけを しないで あそびに 行って しまいました。これまで 何回か 同じ ことが ありました。その 子に たいして どう しますか。

自分の いけんに 近い ものを 一つ えらび、チェックを 入れましょう。

☐Q1 その 子を よびに 行って ちゅういする。

　わたしは、その 子を よびに 行って ちゅういします。きゅう食当番は みんなが やらなくては いけない こと なので、やらない ままに して おくのは その 子の ために なりません。何回か 同じ ことが あったのだから、その 子も さぼって いるに きまって います。さぼるのは よくないので ちゅういして いっしょに やります。

☐Q2 何も 言わずに その 子の 分まで やる。

　わたしは、その 子の 分まで かたづけを します。もし、よびに 行って かたづけが おくれて しまったら、ほかの 当番の 子や、はいぜんいんさんにも めいわくが かかるからです。その 子も、本当に わすれて いるだけなのかも しれません。さぼって いると したら こまるのは その 子 自しんです。当番は しなくては ならない ことに 自分自しんで 気づく ことが 大切だと 思います。

☐じゅぎょうで いちばん 考えた こと　　☐新しく 学んだ こと
☐いちばん 大切だと 思った こと　　　　☐これから やってみようと 思った こと

低学年—集団や社会との関わりに関すること（勤労・公共の精神）

関連教材

『本がかりさん　がんばって　いるね』２年日文／『ぴかぴかがかり』２年光村

〈授業のねらい〉
　集団の中で役割を果たすことの大切さを知り、公共の精神を養う。

〈本教材を使った子供の見取りと評価規準〉
　やるべきことをやらない子に対する対応を考えさせることで、集団の中で役割を果たすことの意義をどう考えているか見取る。

〈各項目への反論例〉
　Q１への反論例…注意されても、自分自身が直そうという意識がないと意味がないと考
　　　　　　　　えます。
　Q２への反論例…何度も同じことを繰り返すのなら、怒られないとわから
　　　　　　　　ないと考えます。

〈教師の語り例〉
　クラスの中にはいろいろな役割があります。誰かに言われる前に、自分自身が責任を果たすのが大切ですね。給食当番などをしっかり活動するのはもちろんクラスのみんなのためです。でも、自分自身のためでもあります。みんなのためにすすんでできる人は友達に好かれます。コヴィー博士という人は、良いことをすると信頼の貯金がたまるのだと話しています。これをためることで、誰でも友達をたくさんつくり、楽しく生活できるのです。そんな〇年〇組のみんなであってほしいなと先生は思います。

〈80字限定、評価と所見記入例〉　　　　　　　　※ねらいに即した記述がなされていればよい

評価文例①
　集団の中で役割を果たすことの意義について考えました。自分自身がしっかりと仕事をすることがみんなのためにもなり、自分のためにもなると強く感じていました。

評価文例②
　友達の仕事を手伝ったことで感謝された経験を思い出し、そのことを発表しました。責任を果たすことは人の役に立つのだということを改めて感じていました。

評価文例③
　友達と協力して活動をすることの大切さに気付きました。同じ当番の子の分もできる限り手伝って活動していくのが重要だと考えることができました。

評価文例④
　学級の中にはみんなのためになる大切な仕事があるということを理解し、これからも学級のためになる活動をしたいという意欲をもつことができました。

組　名前（　　　　　　　　　　）

かして あげなさい

弟（妹）に ゲームを かしてと 言われて「いやだ」と 言うと ないて しまいました。家ぞくに「お兄ちゃん（お姉ちゃん）なのだから、がまんして かして あげなさい」と 言われました。お兄ちゃん（お姉ちゃん）は がまんしなければ だめでしょうか。

自分の いけんに 近い ものを 一つ えらび、チェックを 入れましょう。

□Q1　お兄ちゃん（お姉ちゃん）は がまんを するべき。

　わたしは、がまんを するべきだと 思います。がまんを して ゲームを かして あげれば、弟（妹）が よろこんで くれるからです。そして、ゆずって あげれば、きっと かぞくから ほめられるでしょう。それに、お兄ちゃん（お姉ちゃん）として、兄弟には やさしく して あげたいです。だから わたしは、がまんを するべきだと 思います。

□Q2　お兄ちゃん（お姉ちゃん）と いう 理ゆうで がまんを しなくても よい。

　わたしは、がまんを しなくても よいと 思います。わたしだって すごく やりたい ことが あるのに、わたしだけ がまんするのは おかしいと 思います。弟（妹）も がまんすれば よいと 思います。ゲームを かさないのでは なくて、さいしょに わたしが やって いたのだから、つぎに 弟（妹）が やれば よいと 思います。だから わたしは、がまんを しなくても よいと 思います。

□じゅぎょうで いちばん 考えた こと　　□新しく 学んだ こと
□いちばん 大切だと 思った こと　　　　□これから やってみようと 思った こと

低学年―集団や社会との関わりに関すること（家族愛・家庭生活の充実）

関連教材

『だって　おにいちゃんだもん』２年東書

〈授業のねらい〉
　家族の一員としての役割を考えさせる。
〈本教材を使った子供の見取りと評価規準〉
　兄、姉は我慢をするべきなのか考えさせることによって、家族の中での自分の役割や立場などをどう考えているのか見取る。
〈各項目への反論例〉
　Ｑ１への反論例…言われたとおりに我慢しても、褒められなかったら悲しいと思います。
　Ｑ２への反論例…弟、妹が泣き出してしまったら大変だと思います。

〈教師の語り例〉
　先生にはお姉さんがいます。小さい頃から多くのことを譲ってくれました。大人になった時にどうして譲ってくれたのか聞きました。「家族に喜んでもらうのは嬉しかったから」「お互い我慢しなかったらけんかになってしまうから」と言っていました。それを聞いて、素晴らしいと思いました。一方、お兄さんお姉さんだけが我慢をするのは嫌だと考える人もいるでしょう。やりたいことがあるのは当然です。譲れないときは順番でやる、次は先にさせてあげるなどの方法をとるのもよいです。いずれにしろ、家族の一員として自分の立場や役割を考えるきっかけにしてほしいです。

〈80字限定、評価と所見記入例〉　　　　　　※ねらいに即した記述がなされていればよい
評価文例①
　家庭生活に関する学習の中で、家族の一員としての役割をよく考えていました。自身の生活をしっかりと振り返りながら学んでいました。
評価文例②
　「兄、姉は我慢するべきか」という課題で話し合いました。いつでも我慢するのではなく、順番にやるなど互いが納得する方法を考えるのも大切だと新たに学んでいました。
評価文例③
　自分が家族のために何かをすることで、家族が喜んでくれることに気付きました。家族のためにできることをしようという気持ちが大切だとまとめていました。
評価文例④
　家族に対して自分ができる、役に立つことを考えていました。「我慢するのは大変だけど、お兄さんとして弟に譲っていきたい」と自分の意見を発表することができました。

組　名前（　　　　　　　　　）

みなさんが 通って いる 学校には、たくさん よい ところが あるでしょう。その 中で、あなたの 学校の じまんは、何でしょうか。

自分の いけんに 近い ものを 一つ えらび、チェックを 入れましょう。

□Q1　先生たち

　わたしの 学校の じまんは、「先生たち」です。なぜなら 楽しく じゅぎょうを して くれる 先生たちが たくさん います。そして、わたしたちと たくさん あそんで くれます。だから 先生たちが 学校の じまんです。

□Q2　お兄さんや お姉さん

　わたしの 学校の じまんは、学校に いる「お兄さんや お姉さん」です。なぜなら わたしたちの おせわを して くれたり いつも やさしくして くれたり します。うんどう会でも とても かっこいいと 思いました。だから「お兄さんや お姉さん」が 学校の じまんです。

□Q3　友だち

　わたしの 学校の じまんは、「友だち」です。なぜなら 学校には やさしい 友だちが たくさん います。休み時間は、いつも いっしょに あそんで くれます。友だちが いるから 学校が 楽しいです。だから「友だち」が 学校の じまんです。

□じゅぎょうで いちばん 考えた こと　　□新しく 学んだ こと
□いちばん 大切だと 思った こと　　□これから やってみようと 思った こと

低学年―集団や社会との関わりに関すること（より良い学校生活、集団生活の充実）

関連教材

『ひかり小学校の　じまんはね』２年東書／『しょうかいします』２年光村

〈授業のねらい〉
　自分の学校を誇らしく思う心情を育てる。

〈本教材を使った子供の見取りと評価規準〉
　学校自慢を考えさせることで、自分の学校の良さはどこと考えているのか見取る。

〈各項目への反論例〉
Ｑ１への反論例…全員の先生のことは、分かりません。
Ｑ２への反論例…お兄さんやお姉さんはすぐに卒業してしまいます。
Ｑ３への反論例…友達は、人によってそれぞれ違います。

〈教師の語り例〉
　学校には、先生、事務の方々、用務員さんなど様々な人がいて、みんなが安心して楽しく学校へ通えるように働いています。大人だけではなく、上級生のお兄さん、お姉さんもまた学校を支え、みんなを助けてくれたり、一緒に遊んでくれたりしています。そして何より学校をより一層楽しくするためには、みなさんの一人ひとりが友達と仲良く一緒に勉強し、遊ぶことが大切です。学校の良いところはたくさんありますね。これからもこの学校の良いところをたくさん探していきましょう。

〈80字限定、評価と所見記入例〉　　　　※ねらいに即した記述がなされていればよい

評価文例①
　「より良い学校生活」に関する授業で「学校自慢は先生たちです」と発表しました。教師以外にも多くの大人が働いていることに気付き、学校に対する敬愛をもっていました。

評価文例②
　「私の学校自慢」を考えました。「もっと学校を楽しくするために、みんなと仲良くしていきたい」と、自分たちでより一層学校を楽しくしようという考えをもつことができました。

評価文例③
　「学校の自慢は何か」という課題に対して「お世話をしてくれたり遊んでくれたりするから、お兄さんやお姉さんです」と書きました。上級生に対する敬愛の念を感じます。

評価文例④
　学校の自慢は、高学年のお兄さんとお姉さんだと考えました。「自分も学校の自慢と言われるような人になりたい」と感想を発表できました。

組　名前（　　　　　　　　　　）

あなたが 通う 学校には、ほかの 学校には ない すてきな ところが あります。学校を もっと よく する ために あなたが したい ことは 何ですか。

自分の いけんに 近い ものを 一つ えらび、チェックを 入れましょう。

☐Q1　みんなで あそぶ。

　わたしの 学校の よい ところは、みんなの なかが よい ところです。男女 かんけい なく、休み時間は いっしょに あそんで います。お兄さん お姉さんも やさしくて、こまって いる ときは すぐに 声を かけて くれます。学年 かんけい なく みんなで あそべば、おたがいの ことが よく わかって もっと なかよく なれます。わたしは、みんなと いっしょに あそんで もっと なかの よい 学校に したいです。

☐Q2　みんなで そうじを する。

　わたしの 学校の 自まんは、広い 校ていや きれいな 校しゃです。学校に ある ものを 大切に して、みんな すごして います。毎日 そうじを して いるけれど、ふだん そうじが できない ところも あります。みんなで きょう力して 学校の そうじを すれば、もっと きれいに なって 気もちよく すごす ことが できます。わたしは、ぜん校の みんなと いっしょに そうじを して もっと きれいな 学校に したいです。

☐じゅぎょうで いちばん 考えた こと　　☐新しく 学んだ こと
☐いちばん 大切だと 思った こと　　　　☐これから やってみようと 思った こと

低学年—集団や社会との関わりに関すること（より良い学校生活、集団生活の充実） 43

関連教材

『ひかり小学校の　じまんはね』２年東書／『しょうかいします』２年光村

〈授業のねらい〉

　学校をより良くする方法を考えさせることで、愛校心を育てる。

〈本教材を使った子供の見取りと評価規準〉

　学校をもっと良くするためにできることを考えさせることで、より良い学校づくりに必要なことをどう考えているのか見取る。

〈各項目への反論例〉

Ｑ１への反論例…遊ぶことはどこでもできるから、学校を綺麗にした方がより良くなると考えます。

Ｑ２への反論例…学校を綺麗にするのは、私たちじゃなくてもできると思います。

〈教師の語り例〉

　日本には、いくつの小学校があると思いますか。約２万校あるそうです。その中の一つが皆さんの通う学校です。そこにいる子供たちや大人は、奇跡的な確率で一緒に過ごしています。世界には約6100万人の、学校に行きたくても行けない子供たちがいるそうです。学校があり、友達や先生たちがいて勉強できることは当たり前ではないのです。みんなが協力すればもっと素敵な学校にすることができます。より良い学校にしていくためにできることを考えて、これから実践していきましょう。

〈80字限定、評価と所見記入例〉　　　　　　　　※ねらいに即した記述がなされていればよい

評価文例①

　「自分の学校には優しくしてくれる人がたくさんいる」と、学校の良さを発表しました。より良い学校にするため、みんなで遊ぶことを提案することができました。

評価文例②

　学校の良さを次々に挙げてノートに書きました。もっと学校を良くするために自分たちでもできることがあることに気付き、意見をノートに書くことができました。

評価文例③

　学校の良さを考えました。「学校の良さは一つに決められない」と、最後まで迷う姿がありました。友達の意見を聞き、それぞれの考えに頷きながら学習を進めていました。

評価文例④

　友達の発表を頷きながら聞き、良いと思ったことをノートに書き足す姿がありました。「友達と仲良くすることは、学校を良くすること」と新しい視点を得ました。

組　名前（　　　　　　　　　　）

日本の きせつは しきと よばれ、四つに 分かれて います。その 中で、あなたは 夏と 冬、どちらの きせつが すきですか。

自分の いけんに 近い ものを 一つ えらび、チェックを 入れましょう。

☐Q1　夏が すき。
わたしは、夏が すきです。なぜなら 夏には、夏休みが あります。夏休みには、ちいきの 夏まつりが あります。ぼんおどりや 花火大会 などが あり 楽しいからです。そして、プールや 海に 行けます。家ぞくや 友だちと たくさん およぐのは、楽しいです。さらに 山に 行くのも 楽しいです。キャンプも できます。だから、夏の 方が すきです。
☐Q2　冬が すき。
わたしは、冬が すきです。なぜなら 冬には、雪あそびが できたり お正月が あったり して 楽しいからです。雪あそびでは、友だちと 雪だるまを 作る ことが できます。雪がっせんを するのも 楽しいです。お正月は、はつもうでに 行ったり、もちつき大会に さんかしたり します。それに、お正月は お年玉を もらえます。冬には 楽しい ことが たくさん あります。だから 冬の 方が すきです。

☐じゅぎょうで いちばん 考えた こと　　☐新しく 学んだ こと
☐いちばん 大切だと 思った こと　　　　☐これから やってみようと 思った こと

低学年―集団や社会との関わりに関すること（伝統と文化の尊重、国や郷土を愛する態度） 45

> ― 関連教材 ―
> 『うつくしい　わがし』１年日文／『ながい　ながい　つうがくろ』２年東書／『花火に　こめられた　ねがい』２年日文

〈授業のねらい〉

日本の季節の良さを考えさせる。

〈本教材を使った子供の見取りと評価規準〉

好きな季節を考えさせることで、日本の風土や伝統文化、地域の行事の良さをどう考えているのか見取る。

〈各項目への反論例〉

Ｑ１への反論例…夏は暑すぎて外へ出るのが危険なときがあります。外で遊べなければつまらないです。

Ｑ２への反論例…冬は風邪が流行って体調を崩してしまいます。風邪を引くと、とてもつらいです。

〈教師の語り例〉

日本には、春夏秋冬の季節があります。私たちは、季節の違いを楽しみながら生活しています。また、季節ごとに昔から伝わる行事や文化があります。例えば、春はお花見、夏はお祭り、秋はお月見、冬はお正月などです。どれも楽しい行事です。それぞれの季節に特徴があり、良さがあります。今日の勉強を通して、日本や地域に昔から伝わる行事にはどんなものがあるのか、興味をもってくれたら嬉しいです。

〈80字限定、評価と所見記入例〉　　　　　　　　※ねらいに即した記述がなされていればよい

評価文例①

夏と冬のどちらの季節が好きかという課題に対して、夏が好きだと答えました。夏の良いところをたくさん考えて発表することができました。課題に対し、一生懸命考えていました。

評価文例②

伝統と文化に関する授業では、「夏のお祭りが楽しみ」と意見を発表しました。授業後、「冬の楽しみも分かった」と感想を書きました。

評価文例③

日本の風土の特徴を考えました。夏と冬、どちらが好きかいう課題に対し、意見交流をする中で、それぞれの季節を楽しむのが大切だという考えをもつことができました。

評価文例④

日本の季節の良さについて考えました。友達との意見交流を通じて、夏にも冬にも、自分の地域にはたくさんの行事があることを知り、大切にしていきたいと発表できました。

組　名前（　　　　　　　　　）

クラスに てん校生が 来ました。その子は、日本語が 分からない 子でした。ことばが 通じない ことで こまって いるようです。あなたなら どう しますか。

自分の いけんに 近い ものを 一つ えらび、チェックを 入れましょう。

☐ Q1　すすんで 声を かける。

　わたしは、すすんで 声を かけます。その 子は、ことばが 分からなくて ふあんだと 思います。きっと、なかの よい 友だちも まだ いないでしょう。すすんで 声を かけて、いっしょに あそんだり、したくを てつだったり します。そう する ことで、なかよく なって いくと 思います。きっと、ことばは 通じなくても、気もちは つたわると 思います。だから わたしは、すすんで 声を かけます。

☐ Q2　少しだけ 声を かける。

　わたしは、少しだけ 声を かけます。ことばが 分からないので、たくさん 話しかける 方が ふあんに かんじると 思います。自分が よい ことだと 思って した ことが、あいてに とっては、いやな ことかも しれません。もちろん、まったく 話しかけないのでは なく、あそびに さそうぐらいが よいと 思います。時間が たてば、ことばも 少しずつ 分かって くると 思います。だから わたしは、少しだけ 声を かけます。

☐ じゅぎょうで いちばん 考えた こと　　☐ 新しく 学んだ こと
☐ いちばん 大切だと 思った こと　　　　☐ これから やってみようと 思った こと

低学年—集団や社会との関わりに関すること（国際理解・国際親善）

> **関連教材**
> 『ぼくと　シャオミン』１年東書／『学校へ　いく　とき』１年日文／『タヒチからの　友だち』２年日文／『ひろい　せかいの　たくさんの　人たちと』２年東書

〈授業のねらい〉
　他国の人々に親しみをもち、関わろうとする心情を育てる。

〈本教材を使った子供の見取りと評価規準〉
　言葉の分からない転入生への対応を考えさせることで、外国の子とコミュニケーションをどのように取ろうと考えているのかを見取る。

〈各項目への反論例〉
Ｑ１への反論例…その子が学校に慣れてから、たくさん話しかければよいと思います。
Ｑ２への反論例…ひとりぼっちになって、学校なんて行きたくないと思ってしまうと思います。

〈教師の語り例〉
　大人でも言葉の分からない所に行くのは不安です。しかし、誰か頼れる人がいると安心できます。先生が外国に行ったとき、英語が分からなくて不安でした。しかし、現地のガイドさんがジェスチャーを交えて話しかけてきて、その国のことを教えてくれました。とても頼りになりました。不安な気持ちが減り、楽しく旅行ができました。今回の課題、「声かけの仕方はどちらがよいか」ですが、相手の子の性格などにもよると思います。いずれにしろ、その子の不安がなくなるよう、みなさんには、頼れる人になってほしいと思います。

〈80字限定、評価と所見記入例〉　　※ねらいに即した記述がなされていればよい

評価文例①
　国際交流の学習で、日本語が分からない子とどのように関係を築いていくかを考えました。仲良くなるため、進んで声をかけていくのがよいと発表することができました。

評価文例②
　「外国から転入生が来たらどうするか」というテーマに対し、進んで声をかけるべきと考えました。しかし、それが相手の負担になるかもしれないと新たに学びました。

評価文例③
　世界には様々な人がいることを理解しました。「海外の人と仲良く過ごすために、まずは相手の気持ちを考えることが大切だ」と発表することができました。

評価文例④
　言葉が通じない外国の人に、どのように話しかけたら喜ばれるのか考えました。今後、外国の友達をつくっていきたいと感想を書きました。

組　名前（　　　　　　　　）

　道を 歩いて いると 弱って いる 小鳥が いました。あなたなら その 小鳥に たいして どう しますか。

自分の いけんに 近い ものを 一つ えらび、チェックを 入れましょう。

□Q1　あんぜんな ところへ うつし、親鳥が 来るのを まつ。

　わたしは、小鳥を あんぜんな 場しょに うつして、親鳥が 来るのを まちます。なぜなら、すぐに たすけて あげないと 小鳥が きけんだからです。人が まちがえて ふんで しまったり ほかの どうぶつに 食べられて しまったり するかも しれません。また、人が たくさん いる ところだと きっと 親鳥は けいかいして、たすけに 来ないと 思うからです。そう すると 小鳥が しんで しまいます。

□Q2　そっと そのままに して おく。

　わたしは、さわらずに そっと そのままに して おく ことが よいと 思います。なぜなら、人が さわって しまう ことで ショックを うけると 思うからです。小鳥が びっくりして 人を こうげきする ことが あると 聞いた ことが あります。たすけて あげたいと 思いますが、何も しない 方が よい 気が します。だから、そのままに して おいて 親鳥が 来るのを まった 方が よいと 思います。

□じゅぎょうで いちばん 考えた こと　　□新しく 学んだ こと
□いちばん 大切だと 思った こと　　　　□これから やってみようと 思った こと

低学年―生命や自然、崇高なものとの関わりに関すること（生命の尊さ）

> **関連教材**
> 『ハムスターの　赤ちゃん』１年日文・東書、他

〈授業のねらい〉
　生命を大切にしようとする心情を養う。

〈本教材を使った子供の見取りと評価規準〉
　弱っている小鳥を見つけたときの対応を考えさせることで、動物の命を守るために自分の取るべき行動をどう考えているのか見取る。

〈各項目への反論例〉
Ｑ１への反論例…親鳥が警戒してしまい、助けに来られないと思います。
Ｑ２への反論例…他の動物に食べられたり、踏まれてしまったりします。
　　　　　　　　はやく助けてあげるべきだと思います。

〈教師の語り例〉
　小鳥は餌を待っているときや巣から飛び立ったときに道路に落ちてしまうことがあるそうです。そのままだと死んでしまう可能性があります。しかし人が触ることで、ショックを受けてしまったり、捕まらないようにと暴れ、人にけがをさせてしまうこともあるそうです。小鳥を助けたいと思う気持ちはとてもよいことです。しかし自然の動物を助けることがいつでもよいことに繋がるとは限りません。一方、どこかに動かさないと、車などの危険にさらされることもあるでしょう。周りの状況を見て、その場でどうしたらよいか考えてほしいと思います。

〈80字限定、評価と所見記入例〉　　※ねらいに即した記述がなされていればよい

評価文例①
　「弱っている小鳥がいたらどうするか」という課題に対し自分事として捉え、考えることができました。「安全な場所に置き、母鳥が来るのを待つのがよい」と発表できました。

評価文例②
　小動物の命を考える授業を通して、生命の大切さについて、考えをもつことができました。友達の意見を聞いて、自分の考えをさらに深めることができました。

評価文例③
　生命に関する授業では、落ちている小鳥には触ってはいけないと学んでいました。友達との意見交流を通して、周りの状況を考えて行動することが大切だと考えました。

評価文例④
　生命の大切さについて考えました。「落ちている小鳥を見つけたら、今日勉強したことを思い出したい」と発表し、学習を今後に生かそうとしていました。

組　名前（　　　　　　　　　）

虫とりあそびに 出かけて たくさんの 虫を とる ことが できました。
　あそんだ 後、あなたなら たくさん とった 虫を どう しますか。

自分の いけんに 近い ものを 一つ えらび、チェックを 入れましょう。

□Q1　もって 帰り、しばらく したら にがす。

　わたしは、もって 帰り、しばらく したら にがします。なぜなら、自分で とった 虫だから もって 帰りたいと 思うからです。あと、しばらくの あいだ 家で 虫の せわを する ことで 生活科の べん強にも なります。何を 食べるのか などを かんさつしたいです。その後、にがして あげれば、虫は しなないと 思います。だから、わたしは もって 帰って、しばらく したら にがしたいです。

□Q2　ぜんぶ にがしてから 帰る。

　わたしは、ぜんぶ にがして 帰ります。なぜなら、たくさん 虫を とる ことが できたのだから、それだけで まんぞくできると 思います。それに、そのまま もって 帰ったら 虫は 弱って しまいます。そして、すぐに しんで しまうかも しれません。虫も 生きて いるので、しんで しまったら かわいそうです。なので、あそびおわったら すぐに にがして しぜんに かえして あげた 方が いいと 思います。

□じゅぎょうで いちばん 考えた こと　　□新しく 学んだ こと
□いちばん 大切だと 思った こと　　　　□これから やってみようと 思った こと

低学年―生命や自然、崇高なものと関わりに関すること（自然愛護）

関連教材

『虫が　だいすき　―アンリ・ファーブル―』２年日文／『かえってきたホタル』２年光村

〈授業のねらい〉

　身近な自然に親しみ、動植物に優しい心で接する態度を育む。

〈本教材を使った子供の見取りと評価規準〉

　虫捕り遊びをした後の対応を考えさせることで、自然の中の生き物を大切にするためにどう行動すべきと考えているのか見取る。

〈各項目への反論例〉

Ｑ１への反論例…自然の生き物は、自然の中で生きていた方が嬉しいと思います。

Ｑ２への反論例…持って帰って卵を産ませれば、数もふえていくからよい
　　　　　　　と思います。

〈教師の語り例〉

　先生は子どもの頃、よく昆虫採集に出かけました。家まで持って帰って育てようと思ったことがあります。図鑑で飼い方を調べて、餌もあげて一生懸命お世話をしました。しかし、しばらくすると死んでしまい、悲しい気持ちになりました。その時は「捕ったときに、逃がしてあげればよかった」と思いました。しかし、お世話をしたことで、勉強にもなりました。みんなには、自然と触れ合いつつ、生き物を大切にしようとする気持ちをもってほしいと思います。

〈80字限定、評価と所見記入例〉　　　　　　※ねらいに即した記述がなされていればよい

評価文例①

　身近な動植物を大切にすることについて考えました。「虫捕り遊びをした後は、虫がかわいそうだから、全部逃がしてあげた方がよい」と発表できました。

評価文例②

　自然愛護の学習で、課題を自分事として捉え、考えることができました。「虫捕りをした後持ち帰り、虫のお世話の仕方を勉強することも大事」と新たに学びました。

評価文例③

　動植物に優しい心で接する大切さについて考えました。かつて虫捕りをした経験をもとに、自分の考えを友達に伝えることができました。

評価文例④

　動植物に優しく接することについて学びました。「わたしは虫が嫌いだったけれど、この勉強をして虫のことを知りたくなった」と感想をもちました。

組　名前（　　　　　　　　　）

公園で 新しく 買って もらった お気に入りの 水でっぽうで あそんで いると、知らない 小さな 子が「かして」と 言って きました。あなたは 水でっぽうを かしますか。

自分の いけんに 近い ものを 一つ えらび、チェックを 入れましょう。

☐ Q1　水でっぽうは かさない。

　わたしは、水でっぽうを かして あげません。どんな 子か わからないので、こわされて しまうかも しれないからです。新しく 買って もらった ものを すぐに こわして しまったら、お母さんに おこられて しまいます。その かわりに、いっしょに あそんで あげます。その 子だって本当は いっしょに あそんで ほしい だけかも しれないからです。

☐ Q2　水でっぽうを かす。

　わたしは、水でっぽうを かして あげます。小さな 子に やさしくして あげる ことは 当たり前の ことです。たとえ こわれて しまったとしても、やさしい 気もちから した ことなら プレゼントを して くれた 人も わかって くれると 思います。それに、その 小さい 子が うれしく なって くれたら、自分も うれしい 気もちに なると 思うからです。

☐ じゅぎょうで いちばん 考えた こと　　☐ 新しく 学んだ こと
☐ いちばん 大切だと 思った こと　　☐ これから やってみようと 思った こと

低学年―生命や自然、崇高なものとの関わりに関すること（感動・畏敬の念） 53

関連教材

『ひしゃくぼし』1年光村／『七つの　ほし』2年東書・日文／『かさじぞう』2年光村

〈授業のねらい〉

　美しく優しい心に感動し、大切にしようとする心情を育てる。

〈本教材を使った子供の見取りと評価規準〉

　大切な物を貸すか貸さないか考えさせることで、優しい心についてどう考えているのか見取る。

〈各項目への反論例〉

Q1への反論例…遊んでほしいのでは、というのは言い訳に聞こえます。

Q2への反論例…知っている子ならともかく、知らない子に大切な物を貸そうとは思いません。

〈教師の語り例〉

　こんな話があります。昔、地獄と極楽の見学に出かけた人がいました。地獄では豪華な料理がテーブルにあるのですが、みんなやせています。1mくらいあるお箸を使っているので、食べられないのです。極楽に行ってみると、同じ長い箸を使っていますが、向かいのテーブルの人とお互い食べさせ合っていました。他の人に優しくすることの大切さを教えてくれます。今回の課題では、優しくするとはどういうことかを考えてほしいです。貸してあげるのは優しい心です。しかし、もし壊されてしまったら、自分もその子も悲しくなります。そう考えて、貸さないというのも優しさかもしれません。自分でよく考えて判断してほしいです。

〈80字限定、評価と所見記入例〉　　※ねらいに即した記述がなされていればよい

評価文例①

　「本当に大事な物なら人に貸さずに自分で大切にする」という意見をもちました。自分にとって本当に大事な物は何か、それをどうすべきかについてよく考えていました。

評価文例②

　相手がどうしたいのかを考えて行動することの大切さについて意見を述べました。相手の立場で考えることの尊さを学びました。

評価文例③

　「小さい子には気に入っている物でも貸すべきだ」という意見をもちました。優しく人に接することが大切だと考えることができました。

評価文例④

　「大切な物でも、小さな子に貸してあげる」という意見を聞き、これから自分もたくさんの人に優しく接したいと発表できました。

組　名前（　　　　　　　　　）

悪い行動をとる人に注意をすることは、とても勇気のいることです。あなたはそのことについてどう考えますか。

自分の意見に近いものを一つ選び、チェックを入れましょう。

☐Q1　はっきり相手にいけないことを伝える。

　自分が正しいと本当に信じているのなら、そのことを相手に伝えます。そのことでいやなことを言われたとしてもまちがいはまちがいなので、自分は相手にはっきりと「おかしい」と伝えると思います。その子のためにもなります。

☐Q2　自分は言いにくいので高学年の子や先生に伝えて、言ってもらう。

　自分が正しいと思っていても勇気が足りなくて言えないと思います。しかし、悪い子への声かけは必要です。なので代わりに高学年の子や先生に言って注意してもらいます。自分が伝えなくても本人が気づけばそれでいいと思います。

☐Q3　そのままにしておけばいい。

　悪い子に注意しても変わらないことが多いと思います。わたしも今まで注意してきて、自分がいやな思いをすることが多かったです。注意してぎゃくギレされたり、うらまれたりするのもいやなのでそのままにします。

☐じゅ業でいちばん考えたこと　　☐新しく学んだこと
☐いちばん大切だと思ったこと　　☐これからやってみようと思ったこと

中学年―自分自身に関すること（善悪の判断、自律、自由と責任）   55

関連教材

『SL公園で』3年東書／『よわむし太郎』3年光村・4年日文／『全校遠足とカワセミ』4年東書／『さち子のえがお』4年日文／『スーパーモンスターカード』4年光村

〈授業のねらい〉
　人の悪い行動を指摘することの大切さと難しさを考えさせる。
〈本教材を使った子供の見取りと評価規準〉
　悪い行動を見たときの対応を考えさせることで、相手に伝えることの大切さと難しさを自分なりにどう考えているかを見取る。
〈各項目への反論例〉
Q1への反論例…悪いことと分かっていても勇気がなくて言えない人の
　　　　　　　　気持ちが分かっていないと思います。
Q2への反論例…人に言ってもらうのは少しずるいと思います。
Q3への反論例…悪い人をそのままにするのは自分勝手だと思います。

〈教師の語り例〉
　大切なことは悪いことをしている人が自分から反省して、もう二度とそのようなことをしない人になってもらうことです。そのために様々な方法があると思います。どんな方法であれ、その人が反省してくれるのが一番です。そのようになるのであれば、どの方法でもいいのではないかと先生は思います。

〈80字限定、評価と所見記入例〉　　※ねらいに即した記述がなされていればよい
評価文例①
　悪い行動をしている人を見つけた場合どうするか学習しました。明確に「悪いことはやめよう」と伝えることがいちばん相手のためになると考えてノートに書きました。
評価文例②
　悪いことは悪いと伝えることは、簡単にできることではないことを学びました。やるべきことと、できることとは違うという学びは〇〇さんにとって大きなことでしたね。
評価文例③
　悪い行動を見つけた際、いちばん大切なことは「悪いことは悪い」と伝えることだと考えていました。同時に、なかなか言えないことだということも学びました。
評価文例④
　誰かが悪いことをしていても、これまではなかなか声がかけられなかったと振り返っていました。しかし、今後は正しいことを伝えていくと授業の中で決意していました。

組　名前（　　　　　　　　　）

主人公のように自分が失敗やズルをしたとき、すぐにあやまらなかったのは「正直」といえますか、いえませんか。

自分の意見に近いものを一つ選び、チェックを入れましょう。

□Q1　正直とはいえない。

　本当の正直とは「失敗やズルをしてしまったときにすぐにあやまれる心」だと思います。主人公は失敗（ズル）のあと、しばらくそのことを気にしていますが、そのことをだまっていました。すぐに言えないのは、かくそうという気持ちが強かったからです。最後は、しかたなく言いましたが、これは決して正直であるとはいえません。

□Q2　正直だといえる。

　正直な行動をとることはそうかん単なことではありません。失敗やズルをしてしまったとき、できたらだれにも気がつかれずにすんでほしいと思うのが人間です。その弱い気持ちに負けないで最後には本当のことを言うことができた主人公はまぎれもなく正直者です。正直でなかったらばれるまで言わなかったと思います。

□じゅ業でいちばん考えたこと　　□新しく学んだこと
□いちばん大切だと思ったこと　　□これからやってみようと思ったこと

中学年—自分自身に関すること（正直、誠実）

関連教材
『一本のアイス』『ぬれた本〜リンカーン』３年東書／『ごめんね』３年日文／『ひびが入った水そう』『あかいセミ』４年東書／『新次のしょうぎ』４年日文

〈授業のねらい〉
　自分が失敗したとき、正直に言うことの大切さと難しさを考えさせる。

〈本教材を使った子供の見取りと評価規準〉
　失敗やズルをしたらすぐに謝ることが「正直」なのか、時間がかかっても最後に謝れば「正直」なのか、どう考えているか見取る。

〈各項目への反論例〉
Q１への反論例…人間には誰でも弱いところがあります。最後に言えればそれは「正直」だと考えていいと思います。
Q２への反論例…すぐに自分の失敗を言わないのは、隠そうとする気持ちが強いから正直とはいえません。

〈教師の語り例〉
　もしもみんなが「失敗された側」だったら、すぐに失敗を言いに来てくれた人と、悩んだ末に謝りに来た人とで、みんなの対応は変わりますか。変わる人もいるし、変わらない人もいるでしょう。でも大事なことは相手の気持ちを考えて迷惑をかけてしまったことを正直に伝えることだと思います。本気で正直に言えれば相手の気持ちも変わるのではないでしょうか。

〈80字限定、評価と所見記入例〉
※ねらいに即した記述がなされていればよい

評価文例①
　正直とは何か、真剣に考えていました。失敗したらすぐに謝る心の重要性を授業を通して学ぶことができました。ノートにそういう意見がたくさん書かれていました。

評価文例②
　正直に話すことの大切さを考えました。自分が失敗してしまったときは相手の気持ちを考えて正直に話すことが大切だと考えていました。その難しさも学んだようです。

評価文例③
　正直に話すことは勇気がいることだけれど、やるべきことだということを授業の中で学びました。きっとこれからの行動に変化が起きるのではと期待しています。

評価文例④
　自分のこれまでの行動をお話の登場人物に重ね合わせ、自分もこれからは正直に言わなくてはいけない場面ではそうできるように決意をすることができました。

組　名前（　　　　　　　　　）

テレビやゲームにむ中になって、やるべきことができないことがあります。あなたならどうしますか。

自分の意見に近いものを一つ選び、チェックを入れましょう。

□Q1　自分でルールを作って実行する。
自分がやるべきことなのだから、自分がルールを作って実行します。人に言われてできても本当に自分の力になったわけではありません。また一人になればできなくなるなら、意味がありません。
□Q2　自分ではなかなか守れないので、ほかの人にルールを作ってもらって実行する。
自分でできないのなら、人にたよるほかはありません。大切なことはルールを守って実行することですから、家族や友達にルールを作ってもらい、時には、はげましてもらいながらやっていけばできそうです。
□Q3　ほかの人に相談しながらルールを作って実行する。
自分だけでは無理なルールを作ってしまいがちです。そこで家族などほかの人に相談しながらよりよいルールを作っていきます。これなら自分だけの意見ではないので成功のかのうせいが高いと思います。

□じゅ業でいちばん考えたこと　　□新しく学んだこと
□いちばん大切だと思ったこと　　□これからやってみようと思ったこと

> **関連教材**
>
> 『ゆうすけの朝』3年東書／『ぼくを動かすコントローラー』3年日文／『やめられない』3年光村／『目覚まし時計』4年東書・日文・光村

〈授業のねらい〉

　節度・節制ある生活のために、どのようにルールを作るべきか考えさせる。

〈本教材を使った子供の見取りと評価規準〉

　テレビゲームなどの誘惑に負けないようにするルールをどのように作っていくべきか考えさせることにより、節度・節制のある生活についてどう考えているのか見取る。

〈各項目への反論例〉

Q1への反論例…自分で自分をコントロールできない人は、他の人の意見を聞いて実行しないとまた失敗します。

Q2への反論例…人に作ってもらったルールでは実行しようという気持ちには、なかなかなれないと思います。

Q3への反論例…自分のことは自分一人で考えて実行すべきです。

〈教師の語り例〉

　人間は楽な方へ流されてしまいがちです。大切なのは自分を自身の力でコントロールする力があるかどうかです。この力は将来なりたい自分になるために必要不可欠な力だと思います。自分に合った方法で何か一つルールを決めて実行できたらいいですね。

〈80字限定、評価と所見記入例〉

※ねらいに即した記述がなされていればよい

評価文例①

　節度・節制のある生活について考えました。自分をコントロールして我慢することができるようになりたいとノートに書いてありました。

評価文例②

　自分のやりたいことを優先してしまうのが人間であり、それを律していく難しさを学びました。同時に自分をコントロールしていく力を身につけようと決心しました。

評価文例③

　やりたいことと、やらなければいけないことの優先について学びました。将来のために、やらなければいけないことを優先する生活が大切であることをいちばん学んだようです。

評価文例④

　ゲームやテレビに夢中になり、やらなければいけないことを後回しにしてしまうことについて話し合いました。「今後は節度をもった生活をしていこう」と発表できました。

組　名前（　　　　　　　　　　）

オンリーワンとナンバーワン、どちらの方が価値が高いですか。

自分の意見に近いものを一つ選び、チェックを入れましょう。

□Q１　オンリーワンの方がかちが高い。
オンリーワンとは「ただ一つ」という意味で、だれでも一人ひとりに良さがあるということを言っています。わたしは一人ひとりに良さがあるという考え方の方がみんなが幸せになれそうで価値が高いと思います。一人ひとりのこせいを大事にし、一人ひとりのちがいをみとめる「オンリーワン」という言葉を大切にしたいです。
□Q２　ナンバーワンの方が価値が高い。
ナンバーワンとは「だれよりも一番」という意味で、人よりもぬきん出た才のうや力、地位などを得ることを言っています。人は競争心がなくなると今のままで満足してしまいます。競争心があるから新しいものが生まれます。つねに人よりも力がつくように努力することの価値は高いと思います。みんながナンバーワンを目指すことが重要です。

□じゅ業でいちばん考えたこと　　□新しく学んだこと
□いちばん大切だと思ったこと　　□これからやってみようと思ったこと

中学年―自分自身に関すること（個性の伸長）

> **関連教材**
> 『じゃがいもの歌』 3年東書／『お母さんの「ふふふ」』 3年日文／『うめのき村の四人兄弟』 4年東書／『つくればいいでしょ』 4年日文

〈授業のねらい〉

　オンリーワンとナンバーワンの比較を通して、個性の伸長の価値について考えさせる。

〈本教材を使った子供の見取りと評価規準〉

　オンリーワンとナンバーワンの考え方の差異に着目させ、自分の経験を通して個性についてどう考えているかを見取る。

〈各項目への反論例〉

Q1への反論例…オンリーワンは一見、一人ひとり（個性）を大切にした考え方でよさそうですが、実は一人ひとりがそこで満足してしまって成長していかない考え方だと思います。

Q2への反論例…ナンバーワンを目指す人がいるからみにくい競争が生まれます。人を蹴落として上に這い上がろうとする社会は人が幸せになれないと思います。

〈教師の語り例〉

　みなさん一人ひとりにオンリーワンの良さがあることは間違いありません。それが個性となっていきます。その一人ひとりの個性を自分で鍛え上げていけば、もしかしたらナンバーワンの才能になっていくのかもしれませんね。自分の個性を大切にしていきましょう。

〈80字限定、評価と所見記入例〉　　　　※ねらいに即した記述がなされていればよい

評価文例①

　オンリーワンとナンバーワンの違いを考えることを通して個性の伸長ということについてよく考え、自分の意見を主張することができました。

評価文例②

　オンリーワンの考え方は個性を大事にする一方、ナンバーワンの考え方は個を強くすることを話し合いを通して学ぶことができたようです。

評価文例③

　「オンリーワンの考え方は一人ひとりの個性を大切にした考え方であり、みんなが認められる考え方であるのでいちばん大切なことだ」と発言していました。

評価文例④

　「オンリーワンの考え方だけでは今の自分が主張できないので、これからはナンバーワンの考え方も取り入れながら生活したい」と言っていました。

組　名前（　　　　　　　　　）

クラスの人たちで何かをしようというときに大切なことは、みんなと同じようにすることですか。それとも、自分らしさを出していくことですか。

自分の意見に近いものを一つ選（えら）び、チェックを入れましょう。

☐Q1　みんなと同じようにする。

　クラスの人たちで何かをしようと思ったら、みんなで同じ目標（もくひょう）に向かって足なみをそろえることが大切です。その方が、早く目標にたどり着くでしょう。また、友達（ともだち）の様子をよく見て、それをまねした方が一体感が出て、よいと思います。自分らしさをみんなが主ちょうしたら、バラバラになってしまうと思います。だから、わたしは「みんなと同じようにする」のがよいと思います。

☐Q2　自分らしさを出す。

　わたしは、自分らしさを出した方がよいと思います。自分だったらどうするかを考えることで、新しいアイディアが出て、みんなに広めることもできるからです。そうやって新しいアイディアを出すことで、友達からも新しいアイディアが出て、もっと良（よ）いものになると思います。みんなが同じようなことをしていたら、つまらないものになってしまいそうです。だから、わたしは「自分らしさを出す」のがよいと思います。

☐じゅ業でいちばん考えたこと　　☐新しく学んだこと
☐いちばん大切だと思ったこと　　☐これからやってみようと思ったこと

中学年―自分自身に関すること（個性の伸長）

関連教材

『じゃがいもの歌』3年東書／『うめのき村の四人兄弟』4年東書

〈授業のねらい〉
　自分の良さを知り、伸ばしていこうとする心情を養う。
〈本教材を使った子供の見取りと評価規準〉
　周囲と同調すること、個性を出すこと、どちらを重要視するのか考えさせ、自分らしさを発揮することの意味をどう考えているのか見取る。
〈各項目への反論例〉
Q1への反論例…皆が皆と同じようにやっていたら、より良いものは生まれません。もっと良いものにするために、自分なりに考えて、アイディアを出すことが大切だと思います。
Q2への反論例…皆で何かをしようとするときに、それぞれが自分らしさを出そうとすると、まとまらなくなります。皆と同じようにすることが大切だと思います。

〈教師の語り例〉
　皆で何かをしようとするとき、一つの目標に向かって皆の気持ちを揃えることは大切です。だからといって、何も考えない、言われたことしかしないのではなく、自分にできることは何か、自分が得意なことで生かせることはあるかを考えることが大切です。人にはそれぞれ良さがあります。それが発揮されることで、より良いものが生み出されると共に、個人の成長にもつながっていくのです。

〈80字限定、評価と所見記入例〉　　　　　　※ねらいに即した記述がなされていればよい

評価文例①
　個性を伸ばすことを考える学習において、自分の良さとは何かを考えることができました。集団活動において個性を発揮することの大切さを感じていました。

評価文例②
　個性伸長の授業において「個性を出すのは大切だが、周りに合わせることで一体感が出ることもある」という意見に共感していました。新しい視点で考えていました。

評価文例③
　自分の良さを考えると共に、友達の良さにも目を向けようとする姿が見られました。個性を尊重することの大切さを感じていました。

評価文例④
　「集団活動において、これまでは、言われたことを一生懸命やっていたが、もっと自分らしさを生かしていきたい」と発表しました。個性を発揮する意味を考えていました。

組　名前（　　　　　　　　　）

「一輪車に乗れるようになる」と目標を決めましたが、なかなかできるようになりません。あきらめて新しい目標を立てようかなやんでいます。あなたならどうしますか。

自分の意見に近いものを一つ選び、チェックを入れましょう。

□Q１　新しい目標を決めて努力する。
わたしは、新しい目標を決めて努力します。なかなかできるようにならないとやる気もなくなります。新しく目標を立てて、努力する楽しさを感じた方がよいです。次の目標を達成してから、また一輪車をがんばってみると、やる気がもどってくるかもしれません。何事も楽しく取り組むのが一番だと思います。
□Q２　一度決めた目標を達成するまでがんばる。
わたしは、目標を達成するまでがんばります。すぐにできるようにならなくても努力することで少しずつ力がつくと思います。苦しんで達成したからこそ感じる達成感もあると思います。一度決めた目標を達成するまでがんばった方がよいと思います。もし、達成できなかったとしても、努力した分、力はついていると思います。

□じゅ業でいちばん考えたこと　　□新しく学んだこと
□いちばん大切だと思ったこと　　□これからやってみようと思ったこと

中学年―自分自身に関すること（希望と勇気・努力と強い意志）

関連教材

『一りん車にのれた』3年東書／『ぼくのへんしん』4年東書

〈授業のねらい〉
　自分で決めたことを、様々な方法で粘り強くやり抜こうとする心情を養う。

〈本教材を使った子供の見取りと評価規準〉
　目標が達成できないとき、どうするか考えさせることにより、努力することの大切さや継続することの難しさをどう考えているのか見取る。

〈各項目への反論例〉
Q1への反論例…できるようにならないからといってすぐに次の目標にしてしまうと、結局何もできるようにならないと思うので反対です。
Q2への反論例…頑張ってもできないこともあると思います。時間に限りはあるので、諦めることも大切だと思うので反対です。

〈教師の語り例〉
　失敗ばかりして目標が達成できないのは悲しいと思いますし、やる気がなくなる人もいますよね。先生もなかなか目標が達成できず、努力しないで諦めることがたくさんありました。だけど、友達が努力して目標を達成する姿を見て、何で頑張らなかったんだろうと思ったことが何度もあります。皆さんには、努力することの楽しさを感じられる人になってほしいです。

〈80字限定、評価と所見記入例〉　　※ねらいに即した記述がなされていればよい

評価文例①
　努力することの大切さを考えました。「努力して目標を達成すれば、喜びも大きくなる」と発表することができました。

評価文例②
　諦めたくなったとき、どうするか考えました。最初に決めたことがなかなか達成できないときは、新しい目標を立てて頑張ることも必要になると新たに学んでいました。

評価文例③
　なかなかできるようにならなかったとき、どうするか考えました。「目標が達成できなくても、努力することで力をつけていくのが大切」と発表し、友達に共感されていました。

評価文例④
　強い意志について考え、「目標を達成するためには諦めない気持ちが大切だと思うので努力を続けたいです」とノートに書き、学習をまとめることができました。

組　名前（　　　　　　　　　）

本当の親切とは何でしょうか。あなたは、こまっている人がいたらすぐに声をかけますか。それとも、相手が声をかけてくるまで待ちますか。

自分の意見に近いものを一つ選び、チェックを入れましょう。

☐Q1　すぐに声をかける。

　わたしは、こまっている人がいたらすぐに声をかけます。声をかけて、こまっていることが何か分かれば、自分にできることがあるかすぐに考えられるからです。聞いてみなければ、何も分かりません。それに、もし自分がこまっているときに、だれかが声をかけてくれるとうれしいです。「こまったときはおたがいさま」という言葉があるように、助け合っていくのが大切です。

☐Q2　相手が声をかけてくるまで待つ。

　わたしは、相手が声をかけてくるまで待ちます。自分でできることは、自分でした方がよいと思うからです。本当にこまっていて、自分ではどうにもできないときには、相手から声をかけてくるでしょう。それに、声をかけられることを、めいわくだと思う人もいるかもしれません。わたしがこまっていると思っても、その人はかい決する方法を考えているだけというかのうせいもあります。

☐じゅ業でいちばん考えたこと　　☐新しく学んだこと
☐いちばん大切だと思ったこと　　☐これからやってみようと思ったこと

中学年―人との関わりに関すること（親切、思いやり）

┌─ 関連教材 ─
│ 『なにかお手つだいできることはありますか？』4年東書／『心と心のあく手』4
│ 年日文／『本当の思いやり』『思いやりのかたち』4年光村
└

〈授業のねらい〉
　相手のことを思いやり、進んで親切にしようとする心情を養う。
〈本教材を使った子供の見取りと評価規準〉
　困っている人にすぐに声をかけるかどうか考えさせることで、相手のことを思いやる行動についてどう考えているのか見取る。
〈各項目への反論例〉
Q1への反論例…すぐに声をかけると、相手の状況が分からず、相手に気を使わせて、余計に迷惑かもしれないので反対です。
Q2への反論例…困っていても人に助けを求められない人もいます。進んで声をかけることが大切だと思うので反対です。

〈教師の語り例〉
　困っている人を見かけたときにどうするか、先生もいつも悩んでいます。時には余計なことをしてしまったと思うこともあります。声をかけるか待つかは、何に対して困っているのかにもよると思います。例えば、友達が宿題ができずに困っている、クラスの子に嫌なことをされて困っている。いろいろな状況の中で自分がどうするかを考える必要があります。自分だったらどうしてもらうのが嬉しいか考え、行動に移せるといいですね。

〈80字限定、評価と所見記入例〉　　　※ねらいに即した記述がなされていればよい
評価文例①
　親切について考えました。何をすることが相手の役に立つことなのか、友達の発表を聞きながら考えを深めることができました。
評価文例②
　思いやりについて考えました。相手のことを思いやって何をすべきか考えることの大切さを学びました。「まずは、声をかけることが大切」と発表することができました。
評価文例③
　親切、思いやりについて考えました。自分の思いを相手に押し付けるのではなく、状況に合わせて行動することの大切さを感じていました。
評価文例④
　親切について考えた際、「相手に声をかけられてから行動するのではなく、何をしたらよいか進んで考えたい」と、これからのことについて考えることができました。

組　名前（　　　　　　　　　）

「感しゃして生きると長生きできる」。この考え方にあなたはさん成ですか。反対ですか。

自分の意見に近いものを一つ選び、チェックを入れましょう。

☐ Q1　さん成

　わたしはさん成です。日々さまざまなことに感しゃしてすごすと、毎日を気持ちよくすごすことができます。その生活自体に感しゃの気持ちをもてれば、自分の命を大切にするようになります。その結果、長生きできると思います。感しゃの気持ちがうすい人は、生きていること自体にありがたみを感じられないのではないでしょうか。自分の命を大切にせず、長生きできない人が多いと思います。

☐ Q2　反対

　わたしは反対です。たしかに、感しゃして生きることは人間関係をよくし、気持ちよく生活していくために大切なことだと思います。しかし、そのように生きることと、長生きできるかどうかということは、関係ないと思います。なぜなら、人のじゅみょうはふだんの生活の仕方で変わってくるからです。いちばんえいきょうするのは食生活やすいみんです。気持ちのもち方によって、じゅみょうが変わるとは思えません。

☐ じゅ業でいちばん考えたこと　　☐ 新しく学んだこと
☐ いちばん大切だと思ったこと　　☐ これからやってみようと思ったこと

―― 関連教材 ――
『いつもありがとう』３年日文／『とくジーのおまじない』３年光村／『ありがとうの気持ちをこめて』３年光村／『しょうぼうだんのおじいさん』４年東書／『朝がくると』４年日文・光村／『ぼくたちのバラ花だん』４年光村

〈授業のねらい〉
　感謝の心をもって生活していこうとする心情を養う。
〈本教材を使った子供の見取りと評価規準〉
　平穏な日常生活が実は幸せであることに気付かせることによって、感謝して生きることの大切さをどのように考えているのか見取る。
〈各項目への反論例〉
Ｑ１への反論例…日々の生活で感謝して生きていても、残念ながら病気などで早く亡くなる人もいます。
Ｑ２への反論例…気持ちのもち方は大切です。気持ちが暗ければ早く死にたいと思う人もいると思います。

〈教師の語り例〉
　アメリカに「幸せ博士」と呼ばれる博士がいます。幸せ博士はある調査をしました。「あなたは幸せですか」という質問に対して、「はい」と答えた人は、「いいえ」と答えた人に比べて、平均寿命が9.4年も長かったそうです。人間の健康と寿命は、どのような気分で過ごすかで決定されるということだそうです。病気をして調子悪くなれば、健康のありがたみがよくわかります。人生には辛いこともありますが、普段の何気ない一日一日が幸せなことに気付き、毎日を過ごしていってほしいです。

〈80字限定、評価と所見記入例〉　※ねらいに即した記述がなされていればよい
評価文例①
　感謝することの意味について考えました。感謝することによって、幸せな人生を送ることができると学習をまとめました。
評価文例②
　自分の生活を陰で支えてくれている存在に気付きました。「多くの人に支えられていることに改めて感謝したい」と発表できました。
評価文例③
　健康な日常こそ、幸せであると考えました。健康な毎日を過ごせることに感謝の気持ちをもつことが大切だと学習をまとめました。
評価文例④
　普段の何気ない生活こそ、幸せであることに気付きました。「一日一日を大切に過ごし、そのことに感謝していきたい」と発表しました。

組　名前（　　　　　　　　　）

あいさつをすることはとても大切なことです。では、なぜ大切なのでしょうか。

自分の意見に近いものを一つ選び、チェックを入れましょう。

☐Q1　より良い人間関係をつくるため。

　初めて会った人とは、まずあいさつをかわします。そこからいろいろ話をしてだんだんと仲良くなり、友達になれます。あいさつをすることは、友達をつくることをはじめ、多くの人とより良く付き合っていくために大切なのです。

☐Q2　あいさつをすることがきまりだから。

　学校に行けば、友達や先生にあいさつをします。もし、みんながあいさつをいいかげんにしたら、先生はやり直しをさせます。あいさつはそれだけ大事なことなのだと思います。あいさつはきまりだと思います。

☐Q3　人から信らいを得るため。

　わたしは、しっかりあいさつできる人は、信らいできる人だと思います。あいさつができない人は、ほかの面でもだらしがない人だと思われます。それでは、人から信らいされません。あいさつができる人は、きっと他の面でもしっかりしている人です。人から信らいされるために、あいさつは大切なのです。

☐じゅ業でいちばん考えたこと　　☐新しく学んだこと
☐いちばん大切だと思ったこと　　☐これからやってみようと思ったこと

中学年―人との関わりに関すること（礼儀）

> **関連教材**
> 『足りない気持ちは何だろう』3年日文／『あいさつをすると』3年東書／『「ありがとう」の言葉』4年東書／『あいさつができた』4年日文／『土曜日の学校』4年光村

〈授業のねらい〉
　挨拶を大切にし、礼儀正しく生活しようとする心情を育てる。
〈本教材を使った子供の見取りと評価規準〉
　なぜ挨拶することが大切なのか考えさせることを通して、礼儀正しく生活することの意味をどう考えているのか見取る。
〈各項目への反論例〉
Q１への反論例…性格の良さの方が大切だと思います。
Q２への反論例…挨拶は気持ちが大切です。きまりだから挨拶するのでは、気持ちがこもらないと思います。
Q３への反論例…挨拶ができなくても信頼できる人はいます。
〈教師の語り例〉
　「こんにちは」「いただきます」など挨拶はいろいろあります。経営の神様と呼ばれた松下幸之助は、礼を何よりも大切にしていました。学校でも「おはようございます」という礼に始まり、「さようなら」という礼に終わりますね。初対面の人には「はじめまして」という挨拶によって、心の窓が開きますね。日常の何気ない挨拶がとても重要なのです。気持ちの良い挨拶ができるようになるといいですね。

〈80字限定、評価と所見記入例〉　　　　　　　※ねらいに即した記述がなされていればよい
評価文例①
　挨拶をする意味を考えました。「人間関係をよくするために挨拶は大切だ」と発表しました。「今後も家族や友達に挨拶をしたい」とノートに書いていました。
評価文例②
　挨拶を例にして、礼儀正しくすることがなぜ大切なのかを考えました。礼儀正しい人は他者から信頼されると考え、改めて礼儀の意味を考えることができました。
評価文例③
　『あいさつができた』という読み物から、礼儀の大切さを考えました。「おはようございます」「いただきます」などの挨拶を大切にしようと考えていました。
評価文例④
　礼儀正しくすることで、より良い人生を送ることができることに気付きました。礼儀正しく生きていこうと決意を新たにしました。

組　名前（　　　　　　　　　）

転校した親友から、手紙がとどきました。ところが、切手代が不足していました。親友にそのことを伝えますか。

自分の意見に近いものを一つ選び、チェックを入れましょう。

□Q1　手紙の返事では伝えず、電話や直せつ会ったときなどに伝える。

　わたしは、手紙の返事では伝えず、電話や直せつ会ったときなどに伝えようと思います。手紙では文字として残ります。見返すたびに、自分の失敗が思い出され、相手はいやな思いをします。しかし、伝える必要はあると思うので、電話や直せつ会ったときなどに伝えるのがよいと思います。

□Q2　手紙の返事で伝える。

　わたしは、手紙の返事で伝えようと思います。次いつ会えるかはわからないし、会ったときにはわすれているかもしれません。この先、同じまちがいをしないように、手紙の返信でできるだけ早く伝える方がよいと思います。

□Q3　伝えない。

　わたしは、伝えなくてよいと思います。他の人にも同じ手紙を出しているかもしれません。切手代が不足していることは、他の人から言われると思います。それに加えてわたしも言ったのでは、何度も言われてかわいそうです。

□じゅ業でいちばん考えたこと　　□新しく学んだこと
□いちばん大切だと思ったこと　　□これからやってみようと思ったこと

中学年―人との関わりに関すること（友情・信頼）

関連教材

『目の前は青空』3年光村／『大きな絵はがき』4年東書／『絵はがきと切手』4年日文・光村

〈授業のねらい〉

　友達と互いに信頼し合い，時には注意し合いながら，友情を深めていこうとする心情を育てる。

〈本教材を使った子供の見取りと評価規準〉

　切手代の不足を友達に伝えるかどうかを考えさせることを通して、望ましい友達関係とはどのようなものと考えているのか見取る。

〈各項目への反論例〉

Q1への反論例…不足していたことを直接親友には言いにくくないですか。

Q2への反論例…手紙は文字だけなので、親友を傷付けてしまうかもしれません。

Q3への反論例…他の人からも伝えられず間違いに気付かないかもしれません。その方が親友にとって不幸です。

〈教師の語り例〉

　相手に伝えるという選択をした場合、手紙では文章の書き方、直接伝えるのでは声のトーンなどによって相手のとらえ方は変わってくると思います。一方、せっかく手紙をくれたのですから、そのことに感謝し、料金が不足していたことは伝えないという判断もあるでしょう。どちらにしても、手紙をくれた友達を思いやる気持ちに変わりはありません。その時々、相手との関係も考えて判断してほしいと思います。

〈80字限定、評価と所見記入例〉　　　※ねらいに即した記述がなされていればよい

評価文例①

　手紙の料金が不足していたときの対応を例に、友達が傷付かずに済む伝え方を考えました。直接会って伝えた方が手紙の文字だけで伝えるより傷付かずに済むと考えました。

評価文例②

　親友に悪いことを伝えるべきかどうかを考えることを通して、真の友情について考えました。「友達なら伝えるべきだ」と発表しました。

評価文例③

　友情をテーマにした学習において、友達を傷付けないようにすることを大切に考えていました。○○さんの優しさが表れていました。

評価文例④

　『大きな絵はがき』の読み物において、登場人物を自分に置き換えて考えました。「自分が同じ立場だったら、相手を傷付けないことを大切にしたい」と発表しました。

組　名前（　　　　　　　　　　）

仲良(なかよ)しの友達(ともだち)とけんかをしてしまいました。その後、あなたはすぐに自分から声をかけますか。それとも、相手が声をかけてくるのを待ちますか。

自分の意見に近いものを一つ選(えら)び、チェックを入れましょう。

☐Q1　すぐに自分から声をかける。

　わたしは、すぐに自分から声をかけて、話し合います。自分が悪くない場合でも、相手の気持ちを聞きたいし、自分の気持ちも伝(つた)えたいです。もしかしたら、私にも悪いところがあったかもしれません。早く仲直りができるように、話し合いたいです。いつまでもけんかをして、口をきかないのはいやです。

☐Q2　相手が声をかけてくるのを待つ。

　こういう場合は、おたがいにしばらくはなれていた方がよいと思います。けんかした後、すぐに話し合うと、またけんかになってしまうかもしれません。自分が仲直りしたいと思っていても、相手の友達はまだその気がないかもしれません。相手の友達が、わたしと話し合いたいという気持ちになるまで、待ちます。

☐じゅ業でいちばん考えたこと　　☐新しく学んだこと
☐いちばん大切だと思ったこと　　☐これからやってみようと思ったこと

中学年―人との関わりに関すること（相互理解・寛容）

> ―― 関連教材 ――
> 『たまちゃん、大すき』3年東書／『合い言葉は「話せばわかる！」』4年東書／
> 『ちこく』4年日文

〈授業のねらい〉
　相手の気持ちを理解し、寛容な態度で接することの大切さを考えさせる。

〈本教材を使った子供の見取りと評価規準〉
　友達とけんかした後の対応を考えさせることで、相手と理解し合うために、どのように行動したらよいと考えているのかを見取る。

〈各項目への反論例〉
Q1への反論例…お互いに、考える時間が必要だと思います。
Q2への反論例…時間がたてばたつほど、仲直りができなくなると思います。

〈教師の語り例〉
　先生は、こんな経験があります。友達とけんかをしてしまい、最初は、相手の友達のことを許せないと思っていました。けれど、時間がたつにつれて、仲直りしたいと思い、自分から声をかけようか迷いました。でも、なかなか声をかけることができませんでした。すると、相手から「ごめんね」と声をかけてきてくれたのです。先生もすぐに「ごめんね」と言って仲直りしました。声をかけてくれたことをうれしく思いました。自分から声をかける、相手から声をかけてくるのを待つ、いずれにしても相手の気持ちも考えてお互いに許すという態度が必要だと思います。

〈80字限定、評価と所見記入例〉　　※ねらいに即した記述がなされていればよい

評価文例①
　友達と理解し合い、仲良く過ごすためには、よく話し合うことが大切だと考えました。「友達とトラブルになったときは自分から声をかけたい」と発表することができました。

評価文例②
　けんかをしたときの対応を例に、寛容について考えました。意見交流をするなかで、相手を信頼することが大切だと新たに学んでいました。

評価文例③
　寛容について考えました。相手の気持ちを理解する大切さに気付き、「友達とトラブルになってもすぐに許せるようにしたい」と発表しました。

評価文例④
　友達と理解し合い、仲良く過ごすためにどうしたらよいか考えました。「これからは、まず相手の気持ちを考えて行動していきたい」と学習をまとめることができました。

組　名前（　　　　　　　　　　）

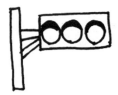
信号が赤ですが、すでに友達との約束の時間に10分もおくれています。車は通ってなく、周りにも人がいません。あなたは、赤信号をわたりますか。

自分の意見に近いものを一つ選び、チェックを入れましょう。

□Q1　赤信号をわたる。
わたしは、友達との約束が大事です。だから、赤信号だけどわたります。もちろん、車が通っていないことをかくにんしてわたります。車が通っていないのであれば、きけんはないと思います。友達がもう10分も待っています。車が通っていないのに、赤信号を待って、友達との約束の時間にもっとおくれることの方がよくないと思います。
□Q2　赤信号をわたらない。
わたしは、友達との待ち合わせにおくれてしまっても、赤信号をわたりません。たとえ、車が通っていなくても、周りに人がいなくても、赤信号だからわたってはいけないのです。友達にはおくれてしまったことをきちんとあやまればよいと思います。友達との約束も大事ですが、きまりを守ることの方が大事だと思います。

□じゅ業でいちばん考えたこと　　□新しく学んだこと
□いちばん大切だと思ったこと　　□これからやってみようと思ったこと

中学年―集団や社会との関わりに関すること（規則の尊重）

関連教材

『きまりじゃないか』『黄色いかさ』 3年東書／『雨のバスていりゅう所で』 4年東書・日文・光村、他

〈授業のねらい〉

　社会のルールを守る態度を育成する。

〈本教材を使った子供の見取りと評価規準〉

　友達との約束とルールのどちらを優先するのか考えさせることで、社会のルールを守る意味をどのように考えているのか見取る。

〈各項目への反論例〉

Ｑ１への反論例…きまりを守らないと、自分勝手な人が増えて困ります。
Ｑ２への反論例…誰にも迷惑をかけないのだから、緊急の場合は赤信号を
　　　　　　　渡ってもよいと思います。

〈教師の語り例〉

　外国では、赤信号でも安全を確認できれば渡ってもよいというきまりがある国もあるそうです。けれど、ここは日本です。日本には、日本のきまりがあります。きまりを守るから、みんなが安全に楽しく生活ができるのです。これからみなさんもきまりや約束を守ることについて悩む場面にあうことがあるかもしれません。そのときに、どのように行動すればよいのか、どんな判断をすればよいのかを考えられる人になってほしいです。

〈80字限定、評価と所見記入例〉　　　　※ねらいに即した記述がなされていればよい

評価文例①

　きまりを守ることの大切さを考えました。きまりを守るとみんなが安全に生活できると考え、「どんなときでもルールはしっかりと守りたい」と発表することができました。

評価文例②

　社会のルールを守ることについて考えました。安全に楽しく生活するためにきまりや約束があり、それを守ることが何より大切だということを学びました。

評価文例③

　信号を守ることを例にルールについて考えました。社会のルールを守ることの大切さを理解したうえで、緊急の場合はどうするべきかなど多方面から考えていました。

評価文例④

　きまりや約束を守るときに、何を優先したらよいのかを考えました。「人に迷惑をかけず、安全に生活するためにルールを守っていきたい」と学習をまとめることができました。

組　名前（　　　　　　　　　）

席がえで、あまり話したこともなく、「苦手だな」と思っていた人ととなりの席になりました。あなたは、どうしますか。

自分の意見に近いものを一つ選び、チェックを入れましょう。

☐Q1　積極的に話しかける。

　心の中では、「苦手だな」と思っていても積極的に話しかけたいです。もしかして、たくさん話してみたら、仲良くなれるかもしれません。仲良くなった方が、これからの生活が楽しくなります。苦手だからといって、となりの席なのに話しかけないのは、無視していることと同じになってしまいます。だれととなりの席になっても、たくさん話をした方がよいと思います。

☐Q2　積極的に話しかけない。

　わたしは積極的に話しかけません。自分が苦手だと感じているときは、相手も同じように自分のことを苦手だと感じていると思います。だから、おたがいに必要なこと以外、話をしない方がよいと思います。もし、相手がわたしと仲良くなりたいと思っていたら、相手から声をかけてくるでしょう。そうしたら、話をすればよいと思います。こちらから積極的に話しかける必要はないでしょう。

☐じゅ業でいちばん考えたこと　　☐新しく学んだこと
☐いちばん大切だと思ったこと　　☐これからやってみようと思ったこと

中学年—集団や社会との関わりに関すること（公正・公平・社会正義）

― 関連教材 ―
『みさきさんのえがお』3年東書／『となりのせき』4年東書／『ひとりぼっちのYちゃん』4年光村

〈授業のねらい〉
　誰に対しても分け隔てをせず、公正、公平な態度で接しようとする心情を育てる。
〈本教材を使った子供の見取りと評価規準〉
　席替えで苦手な子と隣になったときの対応を考えさせることで、公正、公平な態度をとる大切さをどう考えているのか見取る。
〈各項目への反論例〉
Q1への反論例…苦手な人と無理に仲良くしなくてもよいと思います。
Q2への反論例…話しかけないと、ますます関係が悪くなり、グループ活
　　　　　　　動などでも気まずくなると思います。

〈教師の語り例〉
　学校は「勉強するところ」そして「友達と仲良くするところ」です。誰とでもどんな人とでも、仲良くすることも一つの勉強です。とはいっても、誰でも自分と気が合う人と気が合わない人がいるものです。気が合わない人というのは、見方を変えれば、「自分と違う考え方をしている人」であるとも言えます。気が合わない人こそが自分の世界を広げてくれる人なのかもしれません。たくさんの人と交流し、友達を増やしていってほしいと思います。
〈80字限定、評価と所見記入例〉　　　　※ねらいに即した記述がなされていればよい
評価文例①
　楽しく学校生活を送るために、誰にでも公正、公平に接することが大切だと考えていました。「あまり話したことのない子でも、積極的に話しかけたい」と発表できました。
評価文例②
　公正、公平に接する大切さについて考えました。誰にでも分け隔てなく接することで、みんなが気持ち良く生活できることを学びました。
評価文例③
　苦手な子へどう対応するのか考えました。自分から話しかける大切さを理解しながらも、その難しさにも気付きました。課題を自分のこととしてとらえ、考えていました。
評価文例④
　席替えを例に、誰にでも公正、公平に接することの大切さについて考え「これからみんなの良いところを見つけて友達を増やしたい」と自分の意見を発表しました。

組　名前（　　　　　　　　　）

大雨がふり、自分の家だけでなく、周りの家や建物も水害にあってしまいました。これからあなたはどんな行動をしますか。

自分の意見に近いものを一つ選び、チェックを入れましょう。

□Q１　まず、自分の物をかたづける。

　わたしは、まず、自分の物をかたづけます。自分の物は自分でせきにんをもつことが大事です。自分の物を大切にしなさいと、家族や先生に言われたことがあります。自分でかたづけないと、他の人にめいわくがかかります。自分の物をかたづけてから、家族や近所の人のかたづけを手伝えばよいと思います。

□Q２　まず、家のかたづけを手伝う。近所のかたづけも手伝う。

　わたしは、まず、家のかたづけを手伝います。その方が元の生活に早くもどれます。大人だけでなく、子どもでも手伝えることはあります。その後、近所の体の弱い人を助けます。そのような人は、かたづけが進まず、こまっていると思います。かたづけを手伝って、喜んでくれたら、自分もうれしくなるからです。

□じゅ業でいちばん考えたこと　　□新しく学んだこと
□いちばん大切だと思ったこと　　□これからやってみようと思ったこと

中学年─集団や社会との関わりに関すること（勤労・公共の精神）

> ─ 関連教材 ─
> 『「もっこ」をせおって』4年東書／『ネコの手ボランティア』4年日文／『神戸のふっこうは、ぼくらの手で』4年光村

〈授業のねらい〉
　人のために働くことの心地よさに気付き、誰に対しても心を込めて進んで働こうとする態度を養う。

〈本教材を使った子供の見取りと評価規準〉
　自分が災害に遭ったときの行動を考えることで、人のために働くことの大切さと難しさをどう考えているのかを見取る。

〈各項目への反論例〉
Q1への反論例…自分のことしか考えてないように思います。
Q2への反論例…手伝いをすると、逆にじゃまになることもあると思います。

〈教師の語り例〉
　何年か前に、大雪が降ったことがあります。先生が家の前だけでなく、道路の雪かきを行っていたら、近所の人たちも家から出てきていつの間にか多くの人たちで雪かきをしていました。みんなで雪かきをしたら、短い時間で大通りまで通れるようになりました。雪かきが終わった時、自然と「ご苦労様」と笑顔で言い合っていました。みんなで協力して活動することの大切さを感じました。今回の課題、自分の物をまず片付ける、家や近所の片付けを手伝う、どちらを優先させるのかは人それぞれだと思います。そのなかで人のために働く意味を考えてほしいと思います。

〈80字限定、評価と所見記入例〉　　　　　　　※ねらいに即した記述がなされていればよい

評価文例①
　自分から人のために働く大切さを考えました。「自分は元気だから、困っている人を助けます」と発表することができました。

評価文例②
　災害後の片付けを例に働くことについて考えました。人のために働くのも大切だが、まず自分の片付けを優先し、迷惑をかけないのも大切だと新たに学んでいました。

評価文例③
　災害に遭ったときの対応を考えました。自分のことだけでなく、家族や周りの人のことを考えて行動することが大切だとノートに書き、意見を発表することができました。

評価文例④
　人のために働くことについて考えました。自分のことが終わった後、困っている人がいたら助けていきたいと学習をまとめていました。

組　名前（　　　　　　　　　）

　近くの公園で、明日、町内会の草取りがあります。最近はその公園で遊んでいません。お母さんに「いっしょに草取りに行こう」と言われました。あなたは、どうしますか。

自分の意見に近いものを一つ選び、チェックを入れましょう。

☐Q１　草取りに行かない。

　わたしは、草取りに行きません。最近はその公園に行っていないのなら、行く必要はないと考えるからです。公園はみんなのものですが、使っている人がきれいにすればよいと思います。使っている人がきれいにすることで、これからきれいに使おうと思うからです。それに、もし草取りをするのであれば、自分が遊びに使っている公園をするべきだと思います。

☐Q２　草取りに行く。

　わたしは、草取りに行きます。昔よく遊びに行ったので、ひさしぶりに行くのはなつかしいです。草取りをすれば、公園がきれいになります。きれいにすると、気持ち良くなります。それに大人数で行った方が早く終わります。きっと草取りはいろいろな公園でやると思うので、おたがいに助け合うことが大切だと思います。みんなといっしょに草取りをするのも楽しそうです。

☐じゅ業でいちばん考えたこと　　☐新しく学んだこと
☐いちばん大切だと思ったこと　　☐これからやってみようと思ったこと

中学年—集団や社会との関わりに関すること（勤労・公共の精神）

関連教材

『ごみステーション』3年東書／『なんにも仙人』3年日文／『マリーゴールド』3年光村／『琵琶湖のごみ拾い』4年光村

〈授業のねらい〉
　働くことには、おもしろさや喜びがあることに気づき、進んでみんなのためになる仕事をしようという意欲を高める。

〈本教材を使った子供の見取りと評価規準〉
　ボランティア活動に誘われたときの対応を考えることで、働くことの良さや大切さをどう考えているかを見取る。

〈各項目への反論例〉
Q1への反論例…昔遊んだことがある公園なら、草取りに行くべきだと思います。
Q2への反論例…使っている人がきれいにすることは、これから公園をきれい
　　　　　　　　に使おうという気持ちになるので大事なことだと思います。

〈教師の語り例〉
　先生の家の近くにも公園があります。昔は先生の子供もその公園で遊んでいました。今は使っていませんが、公園の前を通ると懐かしいです。夏には町内会の人たちが集まり、草取りをします。草取りをすると、公園がとてもきれいになります。草取りのあと公園で遊ぶ子も増えます。草取りをしてよかったなと思います。最近使わなくなった公園の草取りを「面倒だな」と思う気持ちも分かりますが、ぜひこのような機会は参加して、みんなのために働くすばらしさを感じてほしいと思います。

〈80字限定、評価と所見記入例〉　　　　※ねらいに即した記述がなされていればよい

評価文例①
　ボランティア活動に誘われたときの気持ちを考えました。「公園をきれいにすると、周りの人だけでなく自分も気持ち良くなります」と発表することができました。

評価文例②
　ボランティア活動の意義を考えました。みんなと一緒に働くと、誰かの役に立ち、嬉しい気持ちになると新たに学ぶことができました。

評価文例③
　公園での草取りを例に、働くことについて考えました。それぞれが、まず自分の責任を果たすのが大切なのではないかと考えていました。

評価文例④
　人のために働くことについて考えました。「自分も周りの人のためになる仕事をしてみたいです」と学習をまとめることができました。

組　名前（　　　　　　　　　　）

昨日「100円あげるからおふろそうじをして」と言われ、100円もらっておふろそうじをしました。今日もおふろそうじをたのまれました。あなたは、どうしますか。

自分の意見に近いものを一つ選び、チェックを入れましょう。

□Q1　100円もらっておふろそうじをする。

　わたしは、100円もらっておふろそうじをします。昨日は100円あげると言ったのに、今日は100円あげないのは変だと思います。仕事をしてお金をもらうことは、大人になったら当たり前のことです。それにお金がもらえると、やる気が出ます。おふろもそれだけきれいになるのでよいと考えます。

□Q2　お金はもらわずにおふろそうじをする。

　わたしは、お金はもらわずにおふろそうじをします。昨日は「あげる」と言われたからもらったけれど、別にお金がほしくてしたのではありません。家の仕事は家族みんなですることです。お手伝いをすると、家族が喜んでくれます。自分もうれしい気持ちになります。お金をもらってももらわなくても、家族のために役わりをはたすのが大切だと思います。

□じゅ業でいちばん考えたこと　　□新しく学んだこと
□いちばん大切だと思ったこと　　□これからやってみようと思ったこと

中学年―集団や社会との関わりに関すること（家族愛・家庭生活の充実）

> **関連教材**
>
> 『お母さんのせいきゅう書』 4年東書／『家族の一員として』 4年日文／『ブラッドレーのせい求書』 4年光村

〈授業のねらい〉

　家族の一員として、家族みんなで協力し合って楽しい家庭をつくろうとする心情を育てる。

〈本教材を使った子供の見取りと評価規準〉

　お手伝いを頼まれたときの対応を考えることで、家族の一員として協力し合うことの大切さをどう考えているのかを見取る。

〈各項目への反論例〉

Ｑ１への反論例…お金がもらえないとお手伝いはしないというのは変だと思います。

Ｑ２への反論例…昨日100円もらえたのに、今日はもらえないと嫌な気持ちになりませんか。

〈教師の語り例〉

　先生も子供の頃、お手伝いをしてお金をもらったことがあります。もらったお金は少しだったけれど、嬉しかったことを覚えています。多分お母さんから「ありがとう。助かったわ」と言われたことが嬉しかったので、お金の額は関係なかったんだと思います。今、先生も子供にお手伝いしてもらうことがあります。その時「ありがとう」と感謝の気持ちを伝えることを忘れないようにしています。お金をもらってももらわなくても、家族のために役割を果たすことを大切にしてほしいと思います。

〈80字限定、評価と所見記入例〉　　　　　※ねらいに即した記述がなされていればよい

評価文例①

　家族で協力することの大切さを考えました。「手伝いをすると家族が喜んでくれるのがうれしいです」と発表することができました。

評価文例②

　お手伝いを頼まれたときのことを考えました。お手伝いをすることで、自分だけでなく、家族も嬉しい気持ちになると新たに学ぶことができました。

評価文例③

　お手伝いを頼まれたときの対応を考えました。お手伝いはお金のためではなく、家族のためにすることが大切と考えることができました。

評価文例④

　家族との生活で大切なことを考えました。「これからも進んで手伝いを行い、家族の役に立ちたい」と学習をまとめることができました。

組　名前（　　　　　　　　　）

クラスで毎日のようにけんかがあります。けんかが多い学級は良い学級とは言えないのでしょうか。

自分の意見に近いものを一つ選び、チェックを入れましょう。

□Q1　言えない。

　けんかが多い学級は良い学級とは言えません。けんかが多いということは、クラスの友達の仲が深まっていないからです。毎日のようにけんかが起こっているのを見ていたら、気分も落ちこんでしまいます。安心して学校生活を送るためには、けんかはない方がいいです。相手の気持ちを考えれば、けんかになる前にふせぐことができます。けんかのない、仲良しの学級にすることが大事だと考えます。

□Q2　言える。

　けんかが多い学級でも良い学級だと言えます。そもそも、友達と関わりがあるからけんかが起こるのです。関わりがなければ、けんかは起こりません。友達との関わりが多くなっているから、けんかが多くなっているのです。けんかをかい決することが、わたしたちにとって良いけい験になります。そして、友達の気持ちを考えるけい験となり、よりクラスの仲が深まっていきます。

□じゅ業でいちばん考えたこと　　□新しく学んだこと
□いちばん大切だと思ったこと　　□これからやってみようと思ったこと

中学年─集団や社会との関わりに関すること（より良い学校生活・集団生活の充実） 87

関連教材

『よろしくギフト』3年光村／『みんな、待っているよ』4年光村／『秋空にひびくファンファーレ』4年東書／『交かんメール』4年日文

〈授業のねらい〉
　クラスの現状について振り返らせ、より良い学級のあるべき姿について考えさせる。
〈本教材を使った子供の見取りと評価規準〉
　けんかの良し悪しについて考えさせることで、より良い学校生活を送るために目指すクラス像をどう考えているかを見取る。
〈各項目への反論例〉
Q1への反論例…けんかが起きたとしても、自分の言いたいことを言えるクラスは素晴らしいと思います。
Q2への反論例…トラブルになったら解決する方法を考えて、けんかを減らすことが大切だと考えます。
〈教師の語り例〉
　「けんかをするほど仲が良い」という言葉があります。相手に本音を言っても大丈夫だという信頼感がなければ、本気でぶつかっていくこともないという考えからできた言葉です。けんかがあったとしても、仲直りする経験を通して、互いの考えがあることを振り返ることが大切です。そして、みんなが安心して学校生活を送れるような、より良いクラスを目指していくといいですね。
〈80字限定、評価と所見記入例〉　　　　　※ねらいに即した記述がなされていればよい
評価文例①
　一見良くないと思われることも、見方を変えると良い経験にもなることを知りました。自分に有意義な経験にするためにどう生かしていくべきか考えることができました。
評価文例②
　友達と上手くいかないことがあっても、そのトラブルを上手く乗り越えることで、お互いの気持ちを気遣ったり、より仲を深めたりすることができることを知りました。
評価文例③
　より良い学校生活を課題にした学習において、友達とトラブルになったときに、どうすればそうならなかったのかを話し、未然に防ぐ方法を考える大切さに気付きました。
評価文例④
　クラスの課題について振り返ることを通して、より良い人間関係の築き方について考え、誰もが安心して学校生活を送れるクラスを築いていく意欲をもちました。

組　名前（　　　　　　　　　）

日本には古くからの伝とう文化が多くあります。一方、新しい文化も多く生まれ、それを取り入れる地いきも多くあります。古くからの伝とうを残すことと新しい文化をつくることはどちらも重要ですが、あなたはどちらのかちをよりみとめますか。

自分の意見に近いものを一つ選び、チェックを入れましょう。

□ Q1　伝とうを残すことに、よりかちがある。
伝とうを大切にして残していくことは、地いきに住むわたしたちにとって重要なことです。この地いきに住んでいた昔の人々がつくり上げた伝とうを、わたしたちの代で失ってしまうことになったら大変です。昔からある伝とうを、これから先もずっと残していくことが、この地いきを守ってきてくれた人たちへのおん返しになると考えます。
□ Q2　新しい文化をつくることに、よりかちがある。
今の地いきに合った新しい文化をつくっていくことは、わたしたちにとって重要なことです。昔と今では生活スタイルがちがいます。今の生活に合う新しい文化を取り入れることが、地いきをもり上げ、もっと住みやすく楽しい町づくりにつながっていくと考えます。地いきをより発てんさせることが、今ここに住むわたしたちの役目です。

□じゅ業でいちばん考えたこと　　□新しく学んだこと
□いちばん大切だと思ったこと　　□これからやってみようと思ったこと

中学年—集団や社会との関わりに関すること（伝統や文化の尊重）

― 関連教材 ―

『ふるさといいとこさがし』３年東書／『ふろしき』３年光村・３年日文・４年東書／『浮世絵』４年日文／『祭りだいこ』４年光村

〈授業のねらい〉
　地域の伝統や文化を尊重することの大切さについて考えさせる。
〈本教材を使った子供の見取りと評価規準〉
　伝統を守ること、文化を創造することのどちらに価値があるのかを考えさせることで、それぞれの良さや意義をどう考えているのか見取る。
〈各項目への反論例〉
Ｑ１への反論例…伝統にも、残していくのがよい伝統と現代にふさわしくない伝統があります。それを見極めることが大切です。
Ｑ２への反論例…何をするにもせわしない現代で、昔の人たちの知恵を生かすことが大切です。
〈教師の語り例〉
　先生は中学生の頃、「伝統は残すものではなく、先人たちの努力により残ってきたものだ」と教わりました。伝統は、先人たちが大切にしたからこそ、今の世に残ってきているのです。その意志を引き継ぐことで、良き伝統は残っていくのだと考えます。一方、新しい文化をつくることも大切です。新しい文化も継続すれば伝統になります。そして、その新しい文化をつくるのが皆さんです。ぜひ伝統を守りつつ、新しい文化をつくっていってほしいと思います。
〈80字限定、評価と所見記入例〉　　　　　　※ねらいに即した記述がなされていればよい
評価文例①
　伝統文化の素晴らしさと新しい文化を創造する必要性について考えました。それぞれの大切さについて意見交流することができました。
評価文例②
　地域に住む人々にとって大切なのは、伝統を残そうとすることではなく、伝統に込められた先人の想いを理解し、その意志を引き継いでいくことだと気付きました。
評価文例③
　伝統を守ることと、新しい文化の創造について考えました。伝統を残す価値を認めつつ、より良い場所にするために、皆で新しいことをしていくべきだと発表できました。
評価文例④
　「町を活性化させていくために、地域の伝統の良さを生かした新しい取り組みを探していきたい」と発表しました。課題を自分のこととしてとらえ、考えることができました。

組　名前（　　　　　　　　　）

　みなさんの地元には、自まんできるすてきなことが数多くあります。地元の良さは「モノ」にあるのでしょうか。それとも、「ヒト」にあるのでしょうか。

自分の意見に近いものを一つ選び、チェックを入れましょう。

□Q１　「モノ」にある。

　地元の良さは、自然や町なみ、伝とう行事などの「モノ」にあります。地元の自然や落ち着いた町のふんい気の中で育っているわたしたちにとっては、かけがえのないものがたくさんあります。また、地いきのお祭りや昔からあるイベントは地いきをもり上げ、そこに住む人々を元気にしてくれます。だから、地元の良さは「モノ」にあるのです。

□Q２　「ヒト」にある。

　地元の良さは、そこに住む「ヒト」にあります。地いきをもり上げ明るく楽しい場所にするのは、そこに住む人々にかかっています。人との関わりを通して、わたしたちは地元の良さを実感し、地元にほこりがもてるのだと考えます。人との関わりで良い思い出がなかったら、地元を自まんしようなどとは思いません。だから、地元の良さは「ヒト」にあるのです。

□じゅ業でいちばん考えたこと　　□新しく学んだこと
□いちばん大切だと思ったこと　　□これからやってみようと思ったこと

中学年―集団や社会との関わりに関すること（国や郷土を愛する態度）

> ― 関連教材 ―
> 『ふるさといいとこさがし』3年東書／『祭りだいこ』4年光村／『お父さんのじまん』4年日文／『ふるさとを守った大イチョウ』4年東書

〈授業のねらい〉
　自分の住む地域を大切にしようとする態度を養う。
〈本教材を使った子供の見取りと評価規準〉
　故郷の「モノ」や「ヒト」に目を向けさせ話し合わせることで、地元の良さについてどう考えているのかを見取る。
〈各項目への反論例〉
Q1への反論例…自然や行事だけならば、他にも素晴らしい場所はあります。人との関わりが大切なのだと考えます。
Q2への反論例…「ヒト」との関わりは人それぞれで違うので、それを地元の良さにするのは違うと思います。

〈教師の語り例〉
　先生の地元では、年1回、大きなお祭りがあります。地域全体で一丸となって準備をして、盛り上げています。そのお祭りがとても楽しみです。また、当日は地域の方がたくさん声をかけてくれるのが、とても嬉しいです。行事を通して、地域の人とつながっていると思います。この町にも、意識して目を向けると、良さがあるでしょう。その良さを知り、つながりを深めることで、地元の良さを自信をもって自慢できるようになると思います。

〈80字限定、評価と所見記入例〉　※ねらいに即した記述がなされていればよい

評価文例①
　地域には、お祭りなどの伝統行事や心安らぐ自然があり、それらを支える人々がいることを実感し、地元の良さについて考えていました。

評価文例②
　自分の住む地域の良さは何かについて考えることで、地元の伝統やそこに住む人々との関わりが、かけがえのない大切なものであることに気付きました。

評価文例③
　地域の行事や文化、人々との関わりの良さを考え、郷土に誇りをもち積極的に関わっていくことが大切であると考えることができました。

評価文例④
　自分の住む地域の良さを知り、積極的に関わっていくことで、地域とのつながりを深め、楽しく有意義な日常生活を送っていこうとする意欲をもちました。

組　名前（　　　　　　　　　）

国語と英語の勉強、どちらの方が大切だと思いますか。

自分の意見に近いものを一つ選び、チェックを入れましょう。

□Q1　国語の方が大切
国語だと思います。日本で生活していれば日本語は自然に話せるようになるけれど、漢字や文章を正しく読んだり書いたりすることは、勉強しないとできるようになりません。わたしたちは日本人なのだから、文化を守る意味でも、いちばん大切なのは国語で日本語をしっかり勉強することです。英語も大切ですが、日本語を正しく使うことができてこそ、英語も使えるようになるのだと思います。

□Q2　英語の方が大切
英語だと思います。最近は日本にたくさんの外国人がいます。海外で勉強をしたり、仕事をしたりしている日本人もたくさんいます。英語で話せれば楽しいし、外国の人と仲良くなれます。しょう来役に立ちます。日本にいて英語が自然と身につくことはないのだから、しっかり勉強する必要があります。英語を勉強することは英語を使う国の人を理かいすることにもつながると思うので大切だと思います。

□じゅ業でいちばん考えたこと　　□新しく学んだこと
□いちばん大切だと思ったこと　　□これからやってみようと思ったこと

中学年―集団や社会との関わりに関すること（国際理解・国際親善）

---関連教材---
『世界の小学生』 4年東書／『海をこえて』 4年日文／『わたしの大切なもの』 4年光村

〈授業のねらい〉
　語学を学ぶ意味を考えさせ、自国や他国の言語や文化を尊重する態度を育成する。

〈本教材を使った子供の見取りと評価規準〉
　コミュニケーションの手段や文化として、英語や日本語を学ぶことをどのように考えているかを見取る。

〈各項目への反論例〉
Q1への反論例…日本語を使える外国人は少ないのだから、英語の方が大切だと思います。
Q2への反論例…日本にいる外国人も日本語を話せばいいと思います。
　　　　　　　外国人に日本語を教えるのも大切だと思います。

〈教師の語り例〉
　世界で物や人の交流が進むことをグローバル化と言います。駅や電車でも英語の案内やアナウンスが増えています。これは日本に仕事や旅行などで訪れる外国人が増えたからです。世界でいちばん使われている言葉は英語ですから、コミュニケーションをとるために英語を学ぶことは大切なことです。一方で、日本語は先祖から伝わってきた文化ですから、大切にしていきたいです。日本の良さや大切にしたいことを守りながら、新しいものを取り入れ、どのように国際社会で生きていくのか、考えていくことが大切ですね。

〈80字限定、評価と所見記入例〉　　　　※ねらいに即した記述がなされていればよい

評価文例①
　英語を学ぶことの大切さについて考えました。「もっと英語を勉強して、世界の人たちと話したい」と発表することができました。

評価文例②
　国際人として、国語を学ぶことについて考えました。国語は日本語を話せるようになるためだけの勉強ではないと新たに学ぶことができました。

評価文例③
　英語と国語どちらが大切なのかを考えました。「英語も大切だが、日本人として、国語を学ぶことがいちばん大切だ」とノートに書いていました。

評価文例④
　英語を学ぶことの大切さについて、考えました。「世界の人へ英語で日本のことを伝えられるようになりたい」と学習をまとめることができました。

組　名前（　　　　　　　　　）

あなたは治(なお)すことのできない病にかかり、長く生きられないかもしれません。そのことを家族から知らされたいですか。

自分の意見に近いものを一つ選(えら)び、チェックを入れましょう。

□ Q1　知らせてほしい。
知らせてほしいです。長く生きられないと知れば、もっと家族や友達(ともだち)との時間を大切にします。遊んだり、おいしいデザートを食べたりするなど、生きているうちにやりたいことがたくさんあります。それに、言われなくても、わたしに対するたい度でわかってしまうと思います。家族もずっとかくすのはつらいと思うし、知らせてもらった方がおたがいにとって良(よ)いと思います。
□ Q2　知らせてほしくない。
知らせてほしくないです。長く生きられないかもしれないと知りながら毎日を生きるのはつらすぎます。新しく何かやろうという気持ちがなくなってしまいます。それに、知ったからといって特別(とくべつ)なことはしません。いつもどおり、学校に行って友達と勉強したり、遊んだりするし、家族とご飯(はん)を食べたり、買い物をしたりすると思います。わたしはそれが楽しいし、幸せだと思うからです。

□じゅ業でいちばん考えたこと　　□新しく学んだこと
□いちばん大切だと思ったこと　　□これからやってみようと思ったこと

中学年―生命や自然、崇高なものとの関わりに関すること（生命の尊さ）

> **関連教材**
>
> 『走れ江ノ電　光の中へ』4年東書／『お母さん　なかないで』4年日文

〈授業のねらい〉

　重い病にかかったことを想定し、自分の生き方について考えさせる。

〈本教材を使った子供の見取りと評価規準〉

　生きる時間は限られていると意識したとき、自分の生き方をどう考えているかを見取る。

〈各項目への反論例〉

　Q1への反論例…知らされたことでショックを受け、前向きな気持ちになれないと思うので反対です。

　Q2への反論例…人生の残りの時間を充実させることができなくなるので反対です。

〈教師の語り例〉

　「死の告知をするかしないか」は本当に難しい問題ですね。正しい答えがないからこそ、小説や映画でも取り上げられることが多いテーマです。知らされたことで大きなショックを受ける人もいるでしょう。一方で、知らされたから残りの時間を充実させることができた、という人もいるでしょう。命とは何か、幸せとは何かなど考えさせられます。私たちの生きる時間は限られています。後悔しないような生き方や家族や友達との過ごし方を、たまには振り返ってみるといいですね。

〈80字限定、評価と所見記入例〉　※ねらいに即した記述がなされていればよい

評価文例①

　生命の授業を通して、自分の幸せは何なのかについて考えました。「家族とご飯を食べたり、友達と遊んだりしている時が一番幸せだと思う」と発表することができました。

評価文例②

　自分が難病にかかったらどうするかを考えました。毎日健康に生活できることはとても幸せであることを新たに学ぶことができました。

評価文例③

　自分にとっての幸せを考えました。「毎日家族や友達と過ごしている時間がとても大切だ」とまとめていました。これからもそのような時間を大切にしたいと発表しました。

評価文例④

　命の尊さについて考えました。授業の中で、家族と過ごす時間の大切さを感じ、「おじいちゃんやおばあちゃんにもっとたくさん会いに行きたい」とノートに書いていました。

組　名前（　　　　　　　　　）

ホタルが飛びかう小川があります。地いきでこの川をせん伝し、まちおこしをすることにさん成ですか、反対ですか。

自分の意見に近いものを一つ選び、チェックを入れましょう。

□Q1　まちおこしにさん成
まちおこしにさん成です。ホタルをせん伝してたくさんのお客さんが来てくれれば、町がもり上がります。多くの人がやって来ることは地いきの一人としてうれしいです。そして、町のことを多くの人に知ってもらえます。地いきのお店にも人が集まるようになります。町をゆたかにする活動は大切だと思います。

□Q2　まちおこしに反対
まちおこしに反対です。せん伝しないで美しいかんきょうを守った方がいいと思います。たくさんの人が来るようになると、ごみがふえ、かんきょうがよごれるおそれがあります。ホタルは水のきれいなかんきょうでしか生きられないのです。私は有名になったりお金が入るよりも、このままの美しい地いきでいてほしいと思います。

□じゅ業でいちばん考えたこと　　□新しく学んだこと
□いちばん大切だと思ったこと　　□これからやってみようと思ったこと

中学年―生命や自然、崇高なものとの関わりに関すること（自然愛護）

関連教材

『また来年も待ってるよ』4年東書／『聞かせて、君の声を！』4年日文／『いのちをつなぐ岬』4年光村

〈授業のねらい〉
　地域振興をまちおこしと環境保護の観点から考えさせる。
〈本教材を使った子供の見取りと評価規準〉
　地域振興の当事者になった場面を想定し、環境保護の大切さと難しさをどう考えているのか見取る。
〈各項目への反論例〉
Ｑ１への反論例…たくさんの人が来るとうるさくなってホタルも逃げてしまうと思います。
Ｑ２への反論例…ホタルが有名になれば、美しい環境を守る気持ちも高まると思います。
〈教師の語り例〉
　世界文化遺産に登録されると世界中から観光客がたくさん訪れるようになり、町が賑やかになります。富士山は世界文化遺産に登録された後、観光客が増加しましたが、マナーの悪い登山者がペットボトルや弁当のゴミを捨て、環境が悪化したと言われることがあります。一方で、世界で有名なエベレストやキリマンジャロなどでは美しい環境を守るために「入山料」を決め、登山客を制限したり、ゴミ処理のための費用に充てたりしているそうです。まちおこしも環境保護も大切です。みんなで知恵を出し合って、両立する方法を考え続けていくことが大切ですね。
〈80字限定、評価と所見記入例〉　※ねらいに即した記述がなされていればよい

評価文例①
　まちおこしと美しい環境を両立させる方法を考えました。ゴミを持ち帰ってもらうように呼びかける工夫を発表することができました。

評価文例②
　まちおこしについて考えました。まちおこしによって環境保護が注目され、環境改善が進む可能性もあると新たに学ぶことができました。

評価文例③
　環境保護について考えました。まちおこしをする前に環境を守る方法を十分に検討することがいちばん大切であると考えることができました。

評価文例④
　環境を守る方法について考えました。「自分もゴミ拾いのボランティアなど、できることをやってみたい」とノートに書いていました。

組　名前（　　　　　　　　　）

あなたが「美しいなあ」「感動するなあ」と思うことを、友達から「どこがいいの？」「何がいいの？」と言われたらどう思いますか。

自分の意見に近いものを一つ選び、チェックを入れましょう。

☐ Q1　人は人だから気にしない。

　自分が美しいと思ったり、感動したりしたことを、ほかの人も同じように感じるとは思わないので気になりません。その人の感じ方があるのは当たり前です。

☐ Q2　人は人だから仕方がないけど、言い方を考えてほしい。

　美しいと感じたり、感動したりということは、人によってちがうと思います。しかし、わざわざ「どこが？」とか「何が？」と言ってくるのがいやです。

☐ Q3　美しいもの、感動するものは人間だったらほぼいっしょだと思う。

　同じ人間なのだから、美しいと感じるもの、感動するものは、だいたい同じだと思います。だからわたしが美しいと思ったものを、そう感じない人はかわいそうだと思います。

☐じゅ業でいちばん考えたこと　　☐新しく学んだこと
☐いちばん大切だと思ったこと　　☐これからやってみようと思ったこと

中学年―生命や自然、崇高なものとの関わりに関すること（感動・畏敬の念）

> ─ 関連教材 ─
> 『百羽のツル』『しあわせの王子』 ３年東書／『光の星』 ３年日文／『まわりを見つめて』 ３年光村／『花さき山』 ４年東書・日文・光村

〈授業のねらい〉
　美しいもの、感動するものは、人により違いがあることを考えさせる。
〈本教材を使った子供の見取りと評価規準〉
　自分の感覚と違う意見を言われたときの対応を考えさせることで、美しさや感動は人によって違うということをどう考えているのか見取る。
〈各項目への反論例〉
Ｑ１への反論例…そうは言ってもやはり共感してほしいです。共感できなくても分かってほしいです。
Ｑ２への反論例…美しさや感動は人によって違うのだから、そんなことでいちいち気にする方がおかしいと思います。
Ｑ３への反論例…私は○○を美しいと思いますが、あなたも美しいと思えますか。

〈教師の語り例〉
　美しいもの、感動するもの、人それぞれ違うこともあるでしょう。みんなの経験は一人ひとり違うのですから。そうとは言え、はじめから相手の意見に反対せずに、「そうなんだ。わたしは～と思うな」というように話せばうまくいくのではないでしょうか。実際に今、隣の子に言ってみましょう。

〈80字限定、評価と所見記入例〉　　　※ねらいに即した記述がなされていればよい
評価文例①
　自分が美しいと感じたり、感動したりしたことについて、必ずしも他人も同じように感じるとは限らないことを考えながら授業を受けていました。
評価文例②
　美しいものや感動するものというのはあらかじめ決まっているのではなく、それを見た人の興味や関心によって受け取り方は様々であることを学ぶことができました。
評価文例③
　「人によって美しいものや感動するものは違いますが、それぞれの感じ方を大切にすることが人としていちばん大切だ」という意見を発表することができました。
評価文例④
　「人が美しいと思ったもの、感動したものが、なぜ美しいのか、感動するのか、自分も共感できるように見直してみたい」とノートに書かれていました。

組　名前（　　　　　　　　　）

委員会活動
代表　給食　放送
集会　美化　図書
飼育　体育　保健

> 放課後、委員会の活動をしなければなりません。しかし、同じ委員会の子に「今日は友達と約束をしたからやっておいて」と言われました。あなたはどうしますか。

自分の意見に近いものを一つ選び、チェックを入れましょう。

☐ Q1　自分だけで活動する。

　私（わたし）は自分だけで活動します。活動する日であっても、友達と約束をしてしまうこともあるでしょう。翌日（よくじつ）やってもらったり、次いっしょになったとき「今日はお願い」とたのむこともできます。一方、そもそもやる気がなく、そのような約束をした可能性もあります。そんな人といっしょにやっても余計時間がかかるだけです。そんなときは後で先生に言って注意してもらえばよいのです。

☐ Q2　その子にも活動させる。

　私はその子にも活動をさせます。委員会はやらなくてはいけないことです。「約束をしたから」というのは勝手です。優先（ゆうせん）させるのは委員会活動です。二人でやるところを一人でやると2倍の時間がかかります。私だって放課後ほかにやることがあるのに、そんなに時間をかけていられません。それに、1回許したらこれからも同じことが続きそうです。やはり、その子にも活動させるのがよいでしょう。

☐ 授業でいちばん考えたこと　　☐ 新しく学んだこと
☐ いちばん大切だと思ったこと　☐ これからやってみようと思ったこと

高学年―自分自身に関すること（善悪の判断・自律・自由と責任）

関連教材

『うばわれた自由』 ５年日文・光村、他

〈授業のねらい〉
　自律的な判断を促し、責任ある態度について考えさせる。

〈本教材を使った子供の見取りと評価規準〉
　放課後の委員会活動への参加について考えさせることで、学校生活における責任ある行動についてどのように考えているのか見取る。

〈各項目への反論例〉
Ｑ１への反論例…自分勝手な行動を許してはいけないと思うし、これを許したらその子
　　　　　　　　のためになりません。
Ｑ２への反論例…「ちゃんとやってよ」と言うのは勇気が必要で、言いに
　　　　　　　　くいこともあるのです。

〈教師の語り例〉
　委員会は果たさなければならない役割の一つです。役割があるということは責任があるということです。これまでの皆さんの委員会活動を振り返ってください。さて、課題はお願いをされる側から考えましたが、お願いをする立場からも考えてほしいと思います。委員会活動に限らず、役割ができなくなることはあるでしょう。そんなとき、どのようなかたちで役割をお願いする、または代わってもらうでしょうか。「今度は私がやるから」「何か用事ができたときは言って」などいろいろ考えれます。何かしらの方法で役割を果たさなければなりません。それが責任ということです。

〈80字限定、評価と所見記入例〉　　　※ねらいに即した記述がなされていればよい
評価文例①
　自由と責任について学びました。自分勝手なことを言わず、与えられた役割を果たしていくことが大切であると考えることができました。

評価文例②
　学校生活における責任について考えました。役割を果たせなかったときは後日代わりのことをする。それが責任を果たすことにつながると学び、ノートに書いていました。

評価文例③
　委員会活動を例に責任について考えました。「高学年として、与えられた役割を果たしていくことが何より大切である」と発表できました。

評価文例④
　誰かに役割を頼まれたときどうするかというテーマで責任について考えました。自分勝手だと思ったら断ることもしていきたいと学習を振り返って考えました。

組　名前（　　　　　　　　　　）

『手品師』の主人公のように「自分の夢をかなえる」「約束を守る」の二つでなやんだとき、あなただったらどちらを優先（ゆうせん）しますか。

自分の意見に近いものを一つ選び、チェックを入れましょう。

☐ Q1　自分の夢を優先する。

　私（わたし）は、自分の夢を優先します。ずっと追い求めた夢をあきらめることはできません。これまでの努力が実を結び、夢をかなえるチャンスがきたのなら、そちらを優先するのは当然だと思います。チャンスは何度もめぐってくるものではありません。確かに約束を守ることは大切なことです。しかし、相手だって事情を話せば分かってくれるはずです。自分の夢を優先します。

☐ Q2　約束を優先する。

　私は、約束を優先します。やはり人と約束したことは守らなければなりません。相手も約束を破って、自分の夢を優先させるのはおかしいと思います。自分のことより、相手のことを考えるべきです。確かに夢をかなえることは大切なことです。しかし、このチャンスをのがしたとしても、努力していれば、いつか夢はかなうと思います。約束と重なってしまったということは、今は夢をかなえる時期ではなかったのでしょう。私は約束を優先します。

☐ 授業でいちばん考えたこと　　☐ 新しく学んだこと
☐ いちばん大切だと思ったこと　☐ これからやってみようと思ったこと

高学年—自分自身に関すること（正直・誠実）

関連教材

『手品師』6年東書・日文・光村他

〈授業のねらい〉
　自分にとって誠実な行動を考えさせる。
〈本教材を使った子供の見取りと評価規準〉
　夢か約束どちらを優先させるのか考えさせることで、自分にとって誠実な行動についてどう考えているのか見取る。
〈各項目への反論例〉
Q1への反論例…誰かを傷つけてまで夢をかなえようとする必要はないと思います。
Q2への反論例…今後チャンスがこなかったら後悔します。
〈教師の語り例〉
　約束と夢の間で悩んだ主人公のように、皆さんもどちらを優先するのか難しかったと思います。「約束を守るのは大切」「夢を実現させたい」どちらの思いも理解できます。大切なのは自分自身に正直に、後悔しない選択をすることでしょう。『手品師』の話のように約束を優先する。それとは違い夢を優先させる。どちらを選ぶにしても、最終的に決めるのは自分自身です。「夢」「約束」以外にも迷い、決断をしなければならない時はあります。今回の授業が考えるきっかけになればうれしいです。

〈80字限定、評価と所見記入例〉
※ねらいに即した記述がなされていればよい
評価文例①
　『手品師』の話をきっかけとして、夢と約束どちらを優先するのか考えました。約束を守ることの大切さを理解しながらも、夢を求める素晴らしさについても考えていました。
評価文例②
　主人公が夢と約束の間で悩み、約束を優先させる決断したことに共感していました。一方、夢の実現を優先するという考えを聞き、多様な考えがあることを学んでいました。
評価文例③
　誠実について学びました。自分のことを優先せず、他者と関わっていくことが大切であると考え、発表しました。〇〇さんの考え方に多くの友達が共感していました。
評価文例④
　夢と約束の間で葛藤する主人公を自分に置き換えて考えていました。何を優先させるのか決断するのが難しいときこそ、自分に正直になり考えていきたいと発表できました。

組　名前（　　　　　　　　　）

修学旅行（移動教室）に新しい服で行きたいと思っています。しかし学校で「今ある物を着て行きましょう」と言われました。親は「どちらでもよい」と言っています。どうしますか。

自分の意見に近いものを一つ選び、チェックを入れましょう。

□Q1　今ある物を着て行く。

　学校から言われているのであれば守るべきです。それにこれから中学高校とたくさんお金が必要になります。がまんするべきでしょう。修学旅行はおしゃれをする場ではありません。今ある物を着て行けば十分です。

□Q2　新しい服を買ってもらう。

　せっかくの修学旅行なのですから、新しい服で参加したいです。どんな服で行くのか考えるのも楽しみの一つです。それに写真もたくさんとられるでしょう。お気に入りの服で思い出を残したいと考えます。その方が楽しいです。

□Q3　友達に聞いて決める。

　新しい服で行きたい気持ちは分かります。しかし、学校から言われているのに自分だけ新しい服を買っていたら、周りからういてしまうかもしれません。ここは友達がどうするのか聞いてみて、それから決めるのがよいと思います。

□授業でいちばん考えたこと　　□新しく学んだこと
□いちばん大切だと思ったこと　□これからやってみようと思ったこと

関連教材

『流行おくれ』 5年東書・日文・光村、他

〈授業のねらい〉
　必要な物、不必要な物を考え、節度のある生活を考えさせる。

〈本教材を使った子供の見取りと評価規準〉
　修学旅行に新しい服を買うかどうか考えさせることで、どのような基準で必要、不必要を判断しているのか見取る。

〈各項目への反論例〉
Q1への反論例…おしゃれを楽しむのは悪いことではないと思います。
Q2への反論例…ルールを守らないことになるので良くないと思います。
Q3への反論例…「新しい服を買おうとしている」と思われるので、聞きにくいです。

〈教師の語り例〉
　修学旅行は小学校生活での大切な思い出になるでしょう。先生も小学生の時、新しい服で参加したいと思いました。でも、その時は新しい服を買ってもらうことはやめました。学校から言われていることは守った方がよいと思ったし、別のことで思い出をつくろうと考えたからです。この判断は、最終的には皆さんの親、そして皆さん自身に任されます。必要かどうかをよく考えてください。また今後似たようなことは多くあります。洋服を買うか買わないかだけでなく、自分自身に必要なのか不必要なのかをよく考えて判断してほしいと思います。

〈80字限定、評価と所見記入例〉　※ねらいに即した記述がなされていればよい

評価文例①
　節度のある生活について学びました。新しい物が欲しいときこそ、よく考えて行動することが大切なのだと思うと感想にまとめました。

評価文例②
　修学旅行に新しい服を着て行くか考えました。新しい服で思い出をつくりたいという意見を聞き、多様な考えがあることを学びました。

評価文例③
　欲しい物があってもすぐ買うのではなく、人の意見を聞いて、購入するか判断したいと考えていました。自制しながら生活する大切さに気付くことができました。

評価文例④
　新しい物を買うときに大切なことを考えました。今ある物を活用しながら、必要だと思う物をよく考えたいと意見を書いていました。今後の生活に生かしてほしいです。

組　名前（　　　　　　　　　　）

「自分の夢をもつことは大切」とよく言われます。そのことについてあなたはどう考えますか。

自分の意見に近いものを一つ選び、チェックを入れましょう。

□Q1　夢をもつのはとても大切
私(わたし)はとても大切だと考えます。大きな夢、小さな夢といろいろありますが、夢をもつからこそ、それに向かって努力できるのです。もし夢がなかったら何をがんばればよいのか、自分は何をすればよいのか分からなくなります。目標をもつことができるという点が大切であると考えます。
□Q2　夢をもつのは少し大切
私は少し大切であると考えます。夢をもってがんばっている人は素晴らしいし、私もそうなりたいと思います。しかし、必ずもたなければならないというほどのものでもないでしょう。生活の中で自然と夢が生まれてくることもあります。夢ができた時からがんばればよいのです。
□Q3　夢をもつのは大切ではない。
私は大切ではないと考えます。夢があってもなくてもがんばろうと思えばがんばれるし、その逆もあります。大切なのは、夢をもつことではなく、その時々に自分の力を発揮(はっき)することです。「夢をもつのは大切だ」と思い、がんばろうとすることに意味があるとは思えません。

□授業でいちばん考えたこと　　□新しく学んだこと
□いちばん大切だと思ったこと　　□これからやってみようと思ったこと

高学年―自分自身に関すること（個性の伸長）　107

> **関連教材**
>
> 『「自分らしさ」を見つめよう』5年光村／『あこがれのパティシエ〜好きな道を歩む』6年東書／『それじゃ、ダメじゃん』6年日文

〈授業のねらい〉
　夢をもつことの意味を考えさせる。
〈本教材を使った子供の見取りと評価規準〉
　夢をもつことが大切かどうか考えさせることで、夢をもつことにどんな意味があると考えているのか見取る。
〈各項目への反論例〉
Ｑ１への反論例…夢がかなわなかったときショックを受けると思います。
Ｑ２への反論例…自然と夢が生まれてくるとは思えません。
Ｑ３への反論例…夢をもって努力した方がやる気が出るし、成果も出やすいと思います。

〈教師の語り例〉
　小学生の時の夢をかなえた人の割合を調べた調査があります。夢をかなえた人は10％、10人に１人です。もちろん夢は変わるものなので、多くの人が夢をかなえられないということではありませんが、夢をかなえることの難しさを感じます。「夢をもつのが大切」「夢をもつことは大切ではない」どちらの立場でも、毎日コツコツと努力をし、やるべきことをやることが将来につながるのは間違いありません。皆さんにはぜひ夢をかなえてほしいと思います。そのための努力を大切にしてほしいです。

〈80字限定、評価と所見記入例〉　　　　　　　※ねらいに即した記述がなされていればよい

評価文例①
　夢をもつのは大切かどうか考えました。夢をもつのは大切という立場に立ち、「夢があるから努力ができる」と発表することができました。

評価文例②
　努力することの大切さを、夢をもつことは大切かという話し合いの中で考えました。努力する中で個性を伸ばし、夢の実現につなげるという考えに共感していました。

評価文例③
　将来の夢について考えました。主人公のように長所をよく考えて、自分の夢に向かって努力するのが大切だとノートに書いていました。

評価文例④
　「自分には先生になるという夢があるので、これから自分の良さを伸ばし、夢の実現に向けがんばりたい」と発表しました。今後、努力する姿が見られることが楽しみです。

組　名前（　　　　　　　　　）

2年間続けた野球の習い事、強いチームから「うちのチームに来て」とさそわれました。今のチームでは野球のやり方を教えてもらいました。強いチームに移れば、大きな大会で活やくできそうです。どうするべきでしょうか。

自分の意見に近いものを一つ選び、チェックを入れましょう。

□Q1　強いチームに移る。
私は、強いチームに移ります。その方が野球が上達するし、自分のためになります。それに前のチームで学んだことを生かして新しいチームで活やくするのは良いことだと思います。前にいたチームメイトに申し訳ない気持ちはありますが、活やくすることが恩返しになるのではないでしょうか。みんないつかはそれぞれの道を歩き出すのです。私にとって、今がその時期だったのです。
□Q2　今までのチームに残る。
私は、今までのチームに残ります。今のチームで、多くの人からルールや道具の使い方を教わったはずです。それを「強いチームにさそわれたから」といってチームを変えるのは、その人たちを裏切っているような気持ちになります。自分の実力を上げることがスポーツのすべてだとは思いません。仲間を大切にして競技を続けていくべきです。

□授業でいちばん考えたこと　　□新しく学んだこと
□いちばん大切だと思ったこと　　□これからやってみようと思ったこと

関連教材
『夢を実現するためには』５年光村／『夢』６年東書

〈授業のねらい〉
　自分を高めていく方法を考えさせる。
〈本教材を使った子供の見取りと評価規準〉
　より強いチームに誘われたときの対応を考えさせることで、何を大切にして自分を高めていきたいと考えているのか見取る。
〈各項目への反論例〉
Ｑ１への反論例…今のチームメイトと会うのが気まずくなってしまうと思います。
Ｑ２への反論例…何事も挑戦しないと成長しないと思います。
〈教師の語り例〉
　今日の課題は、どんな基準で決断をするのかということです。実力を上げること、仲間を大切にすることなど基準は様々です。中学に入ると多くの人が部活を始めます。以前教えた子に「中学校の野球部と地域のクラブチーム、どちらに入るのか」悩んでいた子がいました。クラブチームでは充実した環境で野球ができます。中学の部活ではこれまで一緒に練習をしてきた仲間で野球ができます。その子はたくさん考えて、地域のクラブチームに入る決断をしました。今後皆さんは、多くの決断をしていかなければなりません。大切なのは後悔しないようじっくり考え、自分の道を決めていくことだと先生は考えます。

※ねらいに即した記述がなされていればよい

〈80字限定、評価と所見記入例〉
評価文例①
　チームスポーツではチームメイトが大切であると考えていました。「友達への感謝の気持ちを忘れずにプレーしていきたい」と発表できました。
評価文例②
　スポーツの習い事を例に、どうやって自分を高めていくのか考えました。より高いレベルを求め、力を伸ばしていくことがいちばん大切という考えに共感していました。
評価文例③
　習い事で別のチームに誘われたときどうするべきか考えました。力を伸ばしていくことが何より重要だから、実力が伸びる方を選ぶことが大切だと考えていました。
評価文例④
　自分を高めていくために大切なことを考えました。自分を優先するよりも、友達の気持ちを考えて行動することを大切にしていきたいと考えることができました。

組　名前（　　　　　　　　　）

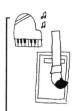

2年間続けてきた習い事ですが、最近上達しなくなってきました。今後どうしていくべきでしょうか。

自分の意見に近いものを一つ選び、チェックを入れましょう。

☐Q1　これまでどおり続ける。

　私はこれまでどおり続けます。せっかく2年間がんばってきたのだから、すぐにやめるのはもったいないです。「上達しなくなってきた」と感じるときこそ、一生けん命練習をすることが大切だと私は思います。努力を続ければ、また「上達した」と実感できる日が来るはずです。

☐Q2　やめて、別のやりたいことを探す。

　私はやめて、別のやりたいことを探します。2年間やったのなら、習い事が自分に向いているかどうか判断ができます。もしかしたら、自分には向いていなかったのかもしれません。別のやりたいことを探す時期が来たのです。新しいことにちょう戦するチャンスと考えます。

☐Q3　しばらく休んで、続けるかやめるか決める。

　私はしばらく休んで、続けるかやめるか決めます。自分がどうしたいのか考えます。続ける、やめるどちらにしても、後かいしないためにはそのような時間が必要だと考えます。家族や友達に相談するのもよいと思います。

☐授業でいちばん考えたこと　　☐新しく学んだこと
☐いちばん大切だと思ったこと　☐これからやってみようと思ったこと

高学年—自分自身に関すること（希望と勇気・努力と強い意志）

関連教材

『ベートーベン』5年東書／『ヘレンと共に ―アニー・サリバン―』5年日文、他／『世界最強の車いすテニスプレイヤー――国枝慎吾』5年光村／『自分を信じて――鈴木明子』6年光村

〈授業のねらい〉
　努力の成果が出ないとき、どのような行動をするべきか考えさせる。

〈本教材を使った子供の見取りと評価規準〉
　上達しなくなってきた習い事について考えさせることで、どのような理由で自己判断をするのか見取る。

〈各項目への反論例〉
Q1への反論例…向いていないなら時間の無駄になると思います。
Q2への反論例…継続する力がないと新しい習い事を始めても同じになるのではないでしょうか。
Q3への反論例…習い事は簡単には休めないと思います。

〈教師の語り例〉
　先生は中学校の時サッカーの部活をやっていました。なかなかうまくいかず「辞めたいな」と思う時もありました。しかし、その時は「3年間は頑張ろう」と思って続けました。一方、途中で辞めて、別の部活を始めた友達もいます。大切なのは今までやってきたことを振り返り、「自分に向いているか」をしっかり考えて判断をすることだと思います。これから、このような選択は何度もしていかなければいけません。自分自身が後悔しないようにしていくのが重要だと先生は考えます。

〈80字限定、評価と所見記入例〉　※ねらいに即した記述がなされていればよい

評価文例①
　習い事が上達しなくなったとき、どうするか考えました。そんなときこそ努力して練習を続けることがいちばん大切と考え、今後も頑張りたいとノートに記述していました。

評価文例②
　頑張って取り組んできたことがうまくいかないときこそ、新しいことを始めるチャンスと考えられるという友達の意見に共感し、前向きな姿勢の大切さを学びました。

評価文例③
　努力の継続について考えました。「努力を続けるのも大切だが、自分に向いているかどうか考えるのも必要」と発表していました。

評価文例④
　努力の成果が出なくなったとき、どうすべきか考えました。自分で考えるだけでなく、親や友達に相談して決めていく方法もあると考えました。

組　名前（　　　　　　　　　）

家族から「夢をもつのは大切だけど、もう少し現実的な夢にした方がよいのではないか」と言われました。夢を変えるべきでしょうか。

自分の意見に近いものを一つ選び、チェックを入れましょう。

□Q1　家族の言ったとおり、夢を変える。
私は夢を変えます。家族は自分のことを一番近くで見ている存在です。きっと「私にはその夢が向いていない」と思ったのでしょう。そろそろ夢を現実的に考えてもよい時期です。それに新しい夢を探すのも楽しそうです。
□Q2　もう少しがんばってみて変えるかどうか決める。
私はもう少しがんばってみて考えます。家族はさまざま考えて、このようなことを言ったのだと思います。しかし、言われたからすぐに変えるのは、意志が弱いように思えます。それでは次の夢を見つけても同じことをくり返す気がします。もう少しがんばってみて考えます。
□Q3　家族に言われても夢を変えない。
私は夢を変えません。夢は私自身のものです。家族に言われたからといって聞く必要はありません。もちろん、夢を変えることはあるかもしれません。それも自分自身で決めることです。家族に言われて変えることはありません。

□授業でいちばん考えたこと　　□新しく学んだこと
□いちばん大切だと思ったこと　□これからやってみようと思ったこと

高学年―自分自身に関すること（真理の追究）

- 関連教材
『真の看護を求めて――ナイチンゲール』５年光村／『地球を一周歩いた男　―伊能忠敬―』６年日文／『日本植物分類学の父――牧野富太郎』６年光村

〈授業のねらい〉
　夢の実現に向けて努力しようとする心情を養う。

〈本教材を使った子供の見取りと評価規準〉
　自分の夢を再考するのか追い求めるのか考えさせることで、どうやって自分の夢を実現させていこうとしているのか見取る。

〈各項目への反論例〉
Ｑ１への反論例…誰かに言われて変えたら、後悔すると思います。
Ｑ２への反論例…決定を先延ばしにしているだけなので、時間の無駄になるから反対です。
Ｑ３への反論例…夢がかなわなかったとき、「だから言ったじゃない」と言われそうです。

〈教師の語り例〉
　皆さんはそろそろ自分の将来について真剣に考えてもよい時です。夢を考えるときに「やりたいから」というだけでなく「自分の長所は何だろう」「実現するために、最初の目標は何にしようか」など様々考えてほしいと思います。今回の課題ですが「聞き入れる」「自分の夢を追い求める」どちらにしても一つのステップです。ぜひ夢の実現に向けて努力をしていってください。

〈80字限定、評価と所見記入例〉　　　　　　※ねらいに即した記述がなされていればよい

評価文例①
　自分の夢について考えました。夢は自分のものだから、「誰に何を言われても、夢に向かって頑張っていく」と発表していました。これからの努力に期待しています。

評価文例②
　夢の実現が難しいのではないかと、アドバイスを受けたときにどうするか考えました。新しい夢を探すチャンスになると学習の中で新たに考えることができました。

評価文例③
　夢を実現するには、家族や友人のアドバイスを聞きながら努力するのが大切と考えていました。看護師という夢に向かって頑張ってください。

評価文例④
　自分の意志を貫く大切さを、夢を追い求めるかどうか考える学習で学びました。「自分自身が納得するまで挑戦したい」と発表できました。

組　名前（　　　　　　　　　）

　四人でプールで遊んだ後、アイスを食べることになりました。ところが、友達の一人がアイスを買うお金を持っていませんでした。他の二人はすでにアイスを買っています。あなたはどうしますか。

自分の意見に近いものを一つ選び、チェックを入れましょう。

☐Q1　友達の分のアイスも買う。

　私(わたし)は友達の分のアイスも買います。やはり一人だけ食べられないのはかわいそうだし、三人で食べても少し気まずいです。せっかく四人でプールに来たのだから、最後まで楽しく過ごしたいです。そのためには、アイスを買うくらい問題ないと思います。もし、友達が「申し訳(わけ)ない」と言うのであれば、後でお金を返してもらえばよいと思います。

☐Q2　友達にがまんしてもらう。

　私はがまんしてもらいます。友達が食べられないのはかわいそうだと思いますが、仕方のないことです。もし買ってしまったらそれは「おごる」ということです。これはしてはいけないことです。お金のやりとりはトラブルにつながります。トラブルになってしまったら、自分も友達もいやな思いをします。やはり、友達の分を買うのはやめておいた方がよいと思います。

☐授業でいちばん考えたこと　　☐新しく学んだこと
☐いちばん大切だと思ったこと　☐これからやってみようと思ったこと

高学年—人との関わりに関すること（親切・思いやり）

> **関連教材**
> 『やさしいユウちゃん』5年日文／『心づかいと思いやり』6年日文／『最後のおくり物』6年光村

〈授業のねらい〉
　友達に対して親切で思いやりのある対応を考えさせる。

〈本教材を使った子供の見取りと評価規準〉
　アイスの代金を出すかどうか考えさせることで、どのように対応することが親切、思いやりのある行動と考えているのか見取る。

〈各項目への反論例〉
Q１への反論例…お金を返してもらえなかったら困ると思います。
Q２への反論例…他にも二人が見ているのだから、トラブルになったとしても解決できると思います。

〈教師の語り例〉
　プール後のアイスに限らず、友達同士で出かけ、お金が必要なこともあるでしょう。お金の貸し借りはしてはいけないのは当然のことです。しかし、今回のように、一人の子だけが何かができないという状況だと悩んでしまいます。これは相手に対する思いやりや親切をどう考えるのかということです。買うのが優しさなのか、後のことを考え、買わないのが優しさなのか。その時の状況や相手の性格などによって対応は変わってくるでしょう。親切にするとは何か、考える一つのきっかけになればよいと思います。

〈80字限定、評価と所見記入例〉　　※ねらいに即した記述がなされていればよい

評価文例①
　親切、思いやりについて考えました。友達が困っていたら助けるのは大切だが、お金を貸すなどしてはいけないことは守るべきであると考えることができました。

評価文例②
　お金の貸し借りを例に、親切について学びました。友達が困っていても、安易にお金を貸すのは親切とは言えないかもしれないと悩んでいました。課題を真剣に考えました。

評価文例③
　相手が困っているときに、どうするべきか学びました。自分のできることをするのが大切であり、それが人に親切にするということではないかと考えていました。

評価文例④
　プール後のアイスを例に親切について考えました。後で返してもらうことを前提に、友達が必要なお金を持っていなければ、そのときは出してあげたいと感想を書きました。

組　名前（　　　　　　　　　　）

「ありがとう」などの感謝の言葉を、日常的に家族に伝えた方がよいと思いますか。

自分の意見に近いものを一つ選び、チェックを入れましょう。

☐Q1　日常的に伝えた方がよい。

　私は日常的に伝えた方がよいと考えます。自分のことをいちばん考えてくれているのは家族です。「ありがとう」などの感謝の気持ちを伝えるのは大切なことでしょう。食事の準備をしてくれることも、洗たくやそうじをしてくれることも当たり前のようになっています。しかし、これらはすべて、私のためにしてくれていることです。日常的に「ありがとう」という言葉を伝えた方がよいと考えます。

☐Q2　日常的には伝えなくてもよい。

　私は日常的には伝えなくてもよいと思います。家族に「ありがとう」と伝えるのは少しはずかしいです。だから、日常的に伝えるのではなく、いつもとはちがう特別なときに伝えてはどうでしょうか。例えば、習い事のコンクールが終わった後など「いつもありがとう」と伝えれば、家族も大変喜ぶでしょう。ここぞというタイミングで言った方がよい気がします。その方が印象に残って、感謝の気持ちが伝わるのではないでしょうか。

☐授業でいちばん考えたこと　　☐新しく学んだこと
☐いちばん大切だと思ったこと　☐これからやってみようと思ったこと

高学年―人との関わりに関すること（感謝）

> **関連教材**
> 『「ありがとう上手」に』5年東書／『ありがとうの心』5年日文／『「ありがとう」の気持ちを伝える』6年光村

〈授業のねらい〉
　日常生活を振り返らせ、家族への感謝について考えさせる。
〈本教材を使った子供の見取りと評価規準〉
　家族へ日常的に感謝の言葉を伝えるかどうか考えさせることで、感謝の気持ちをどうやって伝えるのがよいと考えているのか見取る。
〈各項目への反論例〉
Q1への反論例…言葉以外でも感謝の気持ちは伝えられるから、日常的に言う必要はないと考えます。
Q2への反論例…恥ずかしくても、きちんと言葉にしないと気持ちは伝わらないと思います。
〈教師の語り例〉
　ある企業が「家族に感謝の気持ちを伝えているか」という調査をしました。「十分伝えている約25％、あまり伝えられていない約55％、伝えられていない約20％」だったそうです。伝えていない理由は「恥ずかしいから」という意見が多かったそうです。これから成長すると「ありがとう」と伝えるのを恥ずかしいと思う人もいるでしょう。気持ちの伝え方は様々あるので、自分に合った方法ですればよいと思います。日常的に言っているという人は、これからも継続していってほしいと思います。

〈80字限定、評価と所見記入例〉　　　　　　※ねらいに即した記述がなされていればよい
評価文例①
　感謝について考えました。感謝の気持ちはなかなか伝わりにくいから、言葉で伝えるのが大切だと授業を通して学ぶことができました。
評価文例②
　「ありがとう」などの感謝の言葉を家族に伝えることは大切だと考えていました。一方、感謝の伝え方には言葉以外にもいろいろあることも新たに学んでいました。
評価文例③
　日常的に言葉にしなくても、家族にいつも「ありがとう」など感謝の気持ちを持ち続けることが大切だと考え、ノートに書いていました。
評価文例④
　小さなことでも「ありがとう」と言えるのはよいことだと、感謝をテーマとした授業の中で考えていました。これから実行していくことを期待しています。

組　名前（　　　　　　　　　）

近所に住んでいるけれど、あまり会話をしたことがない大人がいます。あいさつをした方がよいでしょうか。

自分の意見に近いものを一つ選び、チェックを入れましょう。

□Q１　あいさつをした方がよい。

　私はあいさつをした方がよいと考えます。近所に住んでいるなら、接点があるはずです。あいさつをされると相手も気持ちが良いはずです。それに「あの子はあいさつをしてくれて立派だ」なんて思われるかもしれません。

□Q２　あいさつをしなくてもよい。

　私はあいさつをしなくてもよいと考えます。近所に住んでいるとはいえ、よく知らないのであれば、あいさつをする必要はないでしょう。これから行事などでいっしょに活動する機会があり、顔見知りになったらあいさつをしていけばよいと思います。

□Q３　えしゃくをするのがよい。

　私はえしゃくをするのがよいと思います。声に出してあいさつをするほどの関係ではないし、だからといって何もしないのもおかしいと思います。あいさつにはその場や人に応じたやり方があると思います。この場合は、えしゃくをするぐらいがちょうどよいのではないでしょうか。

□授業でいちばん考えたこと　　□新しく学んだこと
□いちばん大切だと思ったこと　□これからやってみようと思ったこと

高学年―人との関わりに関すること（礼儀）

関連教材

『あいさつ運動』5年日文／『あいさつって』5年光村／『心を形に』6年東書

〈授業のねらい〉
　場や相手との関係に応じた挨拶の仕方を考えさせる。

〈本教材を使った子供の見取りと評価規準〉
　近所に住んでいる大人への挨拶の仕方を考えさせることで、場や人間関係に応じた挨拶をどのように考えているのか見取る。

〈各項目への反論例〉
Q1への反論例…よく知らない子に挨拶されると、相手が困ってしまうのではないでしょうか。
Q2への反論例…無視をしている印象を相手に与えてしまいます。
Q3への反論例…会釈をするぐらいなら声に出して挨拶した方がよいと思います。

〈教師の語り例〉
　挨拶はもちろん大切です。しかし、どこまでの人に挨拶をするのかその基準は難しいです。最近は不審者の件があり、知らない人には関わらないようにとも言われます。私はできるだけ近所の人には挨拶をしようと考えています。しかし、目が合ったときだけ挨拶をしたり、会釈ですませたりするときもあります。相手との関係に合わせて判断しています。皆さんは、今後世界が広がり知り合いも増えます。相手との関係を考えた挨拶をしていってください。

〈80字限定、評価と所見記入例〉　※ねらいに即した記述がなされていればよい

評価文例①
　挨拶について考えました。よく知らない人でも挨拶をすることにより、人間関係をつくることができると考えていました。挨拶の大切さに気付いていました。

評価文例②
　相手との関係を考えた挨拶について学びました。挨拶は大切だが、顔見知りぐらいの人には会釈をする方法もあるということを新たに学ぶことができました。

評価文例③
　近所に住んでいるよく知らない人に挨拶をするべきか話し合いました。つながりがないのに突然挨拶することは礼儀とはいえないのではないかと考えました。

評価文例④
　礼儀について考えました。その人と自分との関係やその場にあったやり方を考え、挨拶をしていきたいと学習をまとめました。

組　名前（　　　　　　　　　）

友達が自分の悪口を言っているという話を聞きました。本当かどうか、その子に確かめるべきでしょうか。

自分の意見に近いものを一つ選び、チェックを入れましょう。

☐ Q1　その子に聞いて、本当かどうか確かめる。

　私（わたし）は確かめます。人間はたまには人のことを悪く言ってしまうこともあります。言われていたら謝ってもらえばそれでいいです。言われていなかったらそれで終わりです。いずれにしても、相手に確かめないと分かりません。

☐ Q2　その子に聞かず、本当かどうか確かめない。

　私は確かめません。私が直接悪口を言われたわけではありません。直接言われていないことをいちいち気にする必要はないです。それに「ねえ、私の悪口言ったの」なんて聞いてしまうと、相手がいやな思いをして、友情がこわれてしまうかもしれません。

☐ Q3　他の友達に、本当に言っていたのか聞いてみる。

　私はその子以外の友達に聞きます。まず、悪口を言っていたかどうかを本人に直接聞くのは難（むずか）しいです。しかし、悪口を言われたのか分からないモヤモヤした状態で今後も付き合っていくのもいやです。まずは他の友達に聞いて、それからのことは後で考えます。

☐授業でいちばん考えたこと　　☐新しく学んだこと
☐いちばん大切だと思ったこと　☐これからやってみようと思ったこと

高学年―人との関わりに関すること（友情・信頼）

> **関連教材**
> 『ロレンゾの友達』6年日文・光村、他

〈授業のねらい〉
　互いに信頼できる関係でいるために必要な行動を考えさせる。

〈本教材を使った子供の見取りと評価規準〉
　悪口を言っているかもしれない友達への対応を考えさせることで、信頼し合って生活するためにはどう行動すべきと考えているのか見取る。

〈各項目への反論例〉
Q1への反論例…違っていたら相手を傷つけてしまうかもしれません。
Q2への反論例…本当だったら、これからも言われ続けてしまう可能性があると思うので嫌です。
Q3への反論例…「○○さんがこんなこと言っていた」と伝わってしまうかもしれないので反対です。

〈教師の語り例〉
　今回の課題では自分が納得するためにどの対応をとってもよいと思います。一方、大切なのは考え過ぎないことだと思います。本当であっても、違っていても、気にし過ぎていたら学校生活がつまらなくなります。そして何より、自分が他者への悪口を言わないことが重要です。悪口を言う人、言わない人どちらを皆さんは信頼しますか。人の悪口を言う人は、人から信用されないのです。友達から信頼される人間になってほしいと思っています。

〈80字限定、評価と所見記入例〉　※ねらいに即した記述がなされていればよい

評価文例①
　信頼について考えました。人から信頼されるためには、他者のことを悪く言わないことが大切だと考え、発表することができました。

評価文例②
　悪口を言われているという噂を聞いたときの対応を例に、信頼について考えました。何より、私自身言わないようにしていくのが大切であると改めて学んでいました。

評価文例③
　友達とトラブルになりそうなときどうするべきか考えました。そんなときこそ思っていることを伝え合うことでお互いに信頼できる関係になると考えることができました。

評価文例④
　悪口の噂を例に、友情について考えました。自分の悪口を本当に言ったか相手に聞くべきか悩みながらも、気にせず友達を信頼していきたいと結論付けていました。

組　名前（　　　　　　　　　）

暴力はいけないことですが、友達とけんかになったとき、先に相手が手を出してきました。やられたらやり返しますか。それとも、がまんしますか。

自分の意見に近いものを一つ選び、チェックを入れましょう。

☐Q1　やられたらやり返す。

　私（わたし）はやられたらやり返します。もしやり返さなければ一方的にやられてしまいます。自分だけやられるのはいやです。後でおたがい落ち着いたときに、反省をすればよいのです。実際、多くのけんかにおいて、おたがいに手を出し合っています。つまり、けんかをしているときは興奮（こうふん）しているので、手を出してしまうのです。がまんするのは難（むずか）しいです。よって私はやられたらやり返します。

☐Q2　やられてもがまんする。

　私はがまんします。相手が先に手を出したとはいえ、やり返したらけんかが大きくなってしまいます。私がやり返したら相手もまたやってきて、結局はこのくり返しです。それに後でだれかに話を聞いてもらったとき「あなたも手を出したのでしょう」とおこられてしまいます。手を出さなかったら「よくがまんしたね」とほめられそうです。やはりやり返すのは良くないことなのです。よって私はやられてもがまんします。

☐授業でいちばん考えたこと　　☐新しく学んだこと
☐いちばん大切だと思ったこと　☐これからやってみようと思ったこと

高学年―人との関わりに関すること（相互理解・寛容）

関連教材

『折れたタワー』5年日文／『銀のしょく台』6年東書、他

〈授業のねらい〉
　トラブルの解決法を探る態度を育成する。

〈本教材を使った子供の見取りと評価規準〉
　相手が先に手を出してきたときにどうするか考えさせることで、どのように対応し解決するべきと考えているのか見取る。

〈各項目への反論例〉
　Q1への反論例…やられたらやり返していたのでは、いつまでもけんかが続くと思います。
　Q2への反論例…大人の世界でもやられたらやり返すことがあるのではないでしょうか。

〈教師の語り例〉
　今回の対応は大人の中でも考え方は違うでしょう。「やり返すこともある」「自分を守るためにやり返す」「やり返してもけんかが大きくなるだけ」「どんなときでも暴力はだめ」。ここで少し考え方を変えて、やり返す前にできることはあるでしょうか。例えば「相手が手を出してきたら逃げる」「近くの大人に言う」などです。けんかをしているときは興奮しているでしょうから、このような対応ができるかは分かりません。しかし、けんかを大きくしないためにも、やり返す前の対応を考えてほしいです。そうすることが、自分そして相手を守ることにもつながると思います。

〈80字限定、評価と所見記入例〉　　　　　　※ねらいに即した記述がなされていればよい

評価文例①
　友達とけんかになったときの対応を考えました。「やり返していては、けんかが終わらないので、別の解決方法を考えたい」と発表できました。

評価文例②
　相互理解について考えました。互いに考えを伝え合い、理解し合うことが大切であるという意見に同意し、自分もそうしていきたいとノートに書いていました。

評価文例③
　けんかをした後の対応を例に、寛容について考えました。けんかの後で自分のしたことを振り返り、反省することが相手を許すことにつながると考えることができました。

評価文例④
　トラブルが起きたとき、相手を許すことの大切さを学びました。同時に難しさも学び、「どんなときでも冷静に対応したい」と発表しました。

組　名前（　　　　　　　　　）

日常的にそうじをさぼる、委員会の活動をしない、という人には、どのような対応をするのがよいでしょうか。

自分の意見に近いものを一つ選び、チェックを入れましょう。

☐Q1　放課後や次週にやらせる。

　私は、放課後や次週に活動させるのがよいと考えます。そうじや委員会の活動はやらなくてはいけないことです。別の時間にやってもらうのは当然です。やるべきことはやらなくてはならないのは、学校では当たり前です。

☐Q2　活動をさせない。

　私は活動をさせないのがよいと考えます。日常的にやっていない人はやる気がないのです。無理やりやらせても、きちんと取り組むとは思えません。こちらがイライラします。一方、活動させないことで、その人が反省する可能性もあります。やはり、活動させないのがよいでしょう。

☐Q3　放っておく。

　私は放っておきます。きちんとやらない人を相手にする必要はありません。あまりにひどければ先生が注意するでしょう。大切なのは、自分自身がきちんとやっているかどうかです。活動していない人は信用を失っていくだけなので、放っておきます。

☐授業でいちばん考えたこと　　☐新しく学んだこと
☐いちばん大切だと思ったこと　　☐これからやってみようと思ったこと

高学年―集団や社会との関わりに関すること（規則の尊重） 125

- 関連教材 -
『これって「けんり」？　これって「ぎむ」？』5年東書／『クラスのきまり』6年日文

〈授業のねらい〉
　集団の中での役割を自覚させ、責任と規則について考えさせる。
〈本教材を使った子供の見取りと評価規準〉
　集団での責任を果たさない人への対応を考えさせることで、規則を守ること、責任を果たすことの意義をどう考えているのか見取る。
〈各項目への反論例〉
Q1への反論例…そういう人は、放課後も次週もやらないと思います。
Q2への反論例…やるべきことをやらないのはずるいと思います。
Q3への反論例…やらなくてよいと認めていることになるし、自分の役割
　　　　　　　が増えてしまうので反対です。
〈教師の語り例〉
　信頼貯金という考え方があります。これは『7つの習慣』という本に書かれています。同じミスをしたとしても、怒られる人と怒られない人がいると思いませんか。例えば、忘れ物をしたときにきつく叱られる人と、そうでもない人がいる。これは、その人がどれだけ信頼されているかによります。日頃から信頼される行動をとることが大切です。今回の例ですが、結局はこのような人は信頼されません。その人がいちばん損をしているのです。何より「自分は何事も責任を果たす」ということを大切にしてほしいです。

〈80字限定、評価と所見記入例〉　　　　　　※ねらいに即した記述がなされていればよい
評価文例①
　規則を守ることと責任について考えました。清掃や委員会など責任を果たすことが、周りからの信頼につながると考えていました。
評価文例②
　委員会活動や清掃を例に、集団の中で責任を果たすことを考えました。役割を果たし、規則を守ることの大切さについて改めて学びました。
評価文例③
　みんなが責任を果たすことが大切であると、規則の尊重をテーマにした学習で考えていました。これからも委員会などでその気持ちを忘れず、活動してほしいと思います。
評価文例④
　集団や社会との関わりの中で、規則を守る意義を考えました。「みんなと気持ち良く学校生活を送るため、これからも責任を果たしていきたい」とノートに書いていました。

組　名前（　　　　　　　　　　　）

SNSグループメールに「今日○○とけんかした。本当にムカつく。明日仲間はずれにしよう」という内容が送られてきました。何と返信しますか？

自分の意見に近いものを一つ選び、チェックを入れましょう。

□Q1　「それはよくない」と返信する。
私は「それはよくない」と返信します。けんかをして腹が立つのは分かりますが、私には関係のないことです。それに、SNSを使ってこのようなことを言うのはひきょうです。「よくない」と伝えるのが友達としての役割です。

□Q2　「そう、分かった」と返信する。
わたしは「そう、分かった」と返信します。とりあえず返信をしておいて、翌日様子を見ます。今はけんかをした直後なので、言っている本人も興奮しているでしょう。時間がたてば冷静になります。それにここで賛成しておかないと、自分もSNSで悪く言われそうです。

□Q3　返信しないで、他の子の返信を待つ。
私は他の子の返信を待ちます。グループメールですから、だれかが返信をするはずです。他の子がどう考えるのか様子を見ます。メールは良いことを言っていませんが、実際このようなメールはあります。自分の考えをみんなの考えに合わせることも必要になってくるのです。

□授業でいちばん考えたこと　　□新しく学んだこと
□いちばん大切だと思ったこと　　□これからやってみようと思ったこと

高学年—集団や社会との関わりに関すること（公正・公平・社会正義）　127

> **関連教材**
>
> 『転校生がやってきた』5年東書／『名前のない手紙』5年日文／『泣き虫』6年光村

〈授業のねらい〉
　SNSを活用する際の、状況に応じた判断を考えさせる。
〈本教材を使った子供の見取りと評価規準〉
　SNSで流れてきたメールの返信を考えさせることで、どのような判断をするのがよいと考えているのか見取る。
〈各項目への反論例〉
Q1への反論例…メールの相手から反発されると思います。
Q2への反論例…自分も悪口を言っているのと同じだと思います。
Q3への反論例…自分の考えをはっきりと言うべきです。
〈教師の語り例〉
　インターネットで流されている情報には、誰かを傷つける内容や、根拠のない噂がたくさんあります。そして、どれが真実なのかを判断するのはとても難しいです。現在、多くの人がコミュニケーションの道具としてSNSを活用しています。大変便利ですが、使い方を誤ると、トラブルの元になります。対応の仕方は様々あります。「それはよくない」と返信するのが正しいと思いますが、友達関係を考えると難しいこともあるでしょう。どのような対応を取るにしろ、自分自身で考え、判断できる人になってほしいと先生は願っています。

〈80字限定、評価と所見記入例〉　　※ねらいに即した記述がなされていればよい
評価文例①
　SNSに流れてきた悪口メールにどう返信するか考えました。「自分で正しいと思ったことを伝えるべきである」と発表することができました。
評価文例②
　これから情報機器とどう関わるか考えました。相手のことを考えて活用しなければならないことを理解し、これからよく考えて使っていきたいと新たに決意していました。
評価文例③
　情報モラルについて考えました。SNSにおける交流で困ったときは、身近な人に相談することが大切だと考え、発表することできました。
評価文例④
　メールなどを活用する便利さや難しさを学びました。「相手が嫌な思いをしないような言葉を使っていきたい」と発表しました。同時に、正しいことを言う難しさも学びました。

組　名前（　　　　　　　　　）

「ボランティアは自分から参加するもので、だれかに言われてやることではない」という考え方に賛成ですか。反対ですか。

自分の意見に近いものを一つ選び、チェックを入れましょう。

□Q1　賛成

　私は賛成です。ボランティアは本来、自分がやりたいと思って参加するものです。だれかに言われて始めることではありません。ボランティアには簡単なこと、大変なことさまざまな活動があります。どんな活動であっても、だれかに言われて参加している人は、他の人に比べてやる気が低いでしょう。それでは成果が出にくいです。それに、けがや事故につながってしまうかもしれません。よって私は、この考え方に賛成です。

□Q2　反対

　私は反対です。ボランティアは素晴らしい活動だと思いますが、自分から参加するきっかけをつかむのは難しいと思います。何事もだれかに言われて始めることはあるでしょう。1回やってみて、楽しかったり、やりがいを感じたりすれば今後続けていけばよいのです。最近、テレビやインターネットでボランティアとして活やくしている人をよく見ます。ボランティア活動は社会の中で重要になってきていると感じます。よって私はこの考え方に反対です。

□授業でいちばん考えたこと　　□新しく学んだこと
□いちばん大切だと思ったこと　□これからやってみようと思ったこと

高学年—集団や社会との関わりに関すること（勤労・公共の精神）

> **関連教材**
> 『わたしのボランティア体験』5年東書／『サタデーグループ』5年日文／『クール・ボランティア』5年光村／『うちら「ネコの手」ボランティア』6年東書／『自分にできること』6年日文

〈授業のねらい〉
　ボランティアの意味を考え、社会に貢献する態度を育成する。

〈本教材を使った子供の見取りと評価規準〉
　他者に言われてボランティアに参加するかどうか考えさせることで、その意義や社会での役割をどのように考えているのか見取る。

〈各項目への反論例〉
Q1への反論例…どんなきっかけであれ、活動することに意味があると思います。
Q2への反論例…人に言われて始めても続かないと思います。

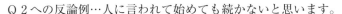

〈教師の語り例〉
　1995年に阪神淡路大震災が起きました。6000人以上の命が失われました。震災後、全国の人たちがボランティアとして駆けつけました。多くはボランティア活動をしたことがない人たちで、7割以上は10代から20代の若い人たちでした。このことから、1995年を「ボランティア元年」と呼ぶようになりました。ボランティアに参加するきっかけはさまざまです。いちばん重要なのは、皆さんが困っている人を助けたい、社会に役立ちたいと思うことです。誰かのために力を出せる人になってほしいです。

〈80字限定、評価と所見記入例〉　　　　　　　　※ねらいに即した記述がなされていればよい

評価文例①
　ボランティア活動について考えました。自分から参加してこそ意味のあるボランティア活動になると考え、発表することができました。

評価文例②
　阪神淡路大震災が日本でボランティア活動が広まるきっかけになったことを知りました。私も困っている人がいたら手助けをしたいとノートに書いていました。

評価文例③
　社会のために役立つことの大切さを考えました。いちばん大切なのは、小さなことでも自分にできることを行っていくことだと学習をまとめることができました。

評価文例④
　ボランティア活動の意義を考え、友達と意見交流をしました。私もさまざまなボランティアをしてみたいと学習のまとめに書いていました。

組　名前（　　　　　　　　　　）

「早く勉強しなさい」「いつまで遊んでいるの」。親が言ってくることにイライラしたときは、どうするのがよいでしょうか。

自分の意見に近いものを一つ選び、チェックを入れましょう。

☐Q1　イライラしたことなどを伝えた方がよい。

　私(わたし)は、イライラしたことなどを伝えた方がよいと思います。親子であっても話をしなければ伝わらないからです。親もきちんとした生活をしてほしいとか、もっと何かをできるようになってほしいなど、さまざまな思いから口うるさく言ってしまうこともあるでしょう。きちんと話しておかないと、また同じことをくり返しそうです。親も私がどう思っているか聞きたいのではないでしょうか。よって私は伝えた方がよいと思います。

☐Q2　イライラしたことなどは伝えなくてもよい。

　私は、イライラしたことなどを特に伝えなくてよいと思います。伝えたとしても何も変わらないと思います。さらに「あなたがきちんとやっていないからでしょう」などと言われ、もっとイライラしそうです。伝えることも大切ですが、何も言わずその場をやり過ごすことだって大切です。好きなことをやるとか友達と遊びに行くとか、イライラを解消する方法はさまざまあります。よって私は特に伝えません。

☐授業でいちばん考えたこと　　☐新しく学んだこと
☐いちばん大切だと思ったこと　☐これからやってみようと思ったこと

高学年―集団や社会との関わりに関すること（家族愛・家庭生活の充実）

関連教材

『お父さんのおべんとう』5年東書／『家族のために』5年日文

〈授業のねらい〉

　これからの親子の関係づくりを考えさせる。

〈本教材を使った子供の見取りと評価規準〉

　親への対応を考えさせることで、今後どのような関係づくりをしていこうと考えているのか見取る。

〈各項目への反論例〉

Q1への反論例…親に「口答えするな」などと言われ、けんかになり、関係が悪化すると思います。

Q2への反論例…親は無視されたと思い、怒り始めそうだし、伝えないと同じことを言われそうなので反対です。

〈教師の語り例〉

　高学年は自立し始める時期です。親が言うことに「うるさい」「めんどくさい」と感じる人も出てくるでしょう。ある調査によると小学6年生から中学2年生までが、いちばん親と会話をしなくなるそうです。一方、そんな時期だからこそ、親は子供のことが気になります。「友達関係はうまくいっているのか」「勉強はできているのか」子供が親のことを考えている何倍の時間も、親は子供のことを考えているという言葉があります。親の言うことにイライラしたとき、思い出してくれたらうれしいです。

〈80字限定、評価と所見記入例〉

※ねらいに即した記述がなされていればよい

評価文例①

　家族との関係づくりについて学習しました。親子であっても話さなければ伝わらないと考え、会話をしてコミュニケーションを取ることの重要さに気付いていました。

評価文例②

　家庭生活について考えました。親は子供のことを一番に考えているからこそ、様々言いたくなるのだと気付き、これから話をしっかりと聞いていきたいと発表できました。

評価文例③

　親子関係について学び、「親の言ったことを受け入れられなくても、なぜそのように言ってきたのか理解しようとすることが大切」と考えていました。

評価文例④

　親とはこれからもいろいろなことを話し、何でも話せる関係をつくりたいと、家族関係をテーマにした学習で考えていました。今後も家族を大切にしていきましょう。

組　名前（　　　　　　　　　　　）

低学年の子が、女の子のスカートをめくっているのを見ました。あなただったら、どうしますか。

自分の意見に近いものを一つ選び、チェックを入れましょう。

☐Q1　その場で「やっていはいけない」と注意する。

　私（わたし）はその場で注意をします。スカートめくりは、してはいけないことです。高学年として、してはいけないことを低学年の子に教えるのは大切なことです。また、後でだれかが注意をしたとしても「やっていません」と言うかもしれません。その場で注意するのが大切です。

☐Q2　先生にスカートをめくっている子がいたと伝える。

　私は先生に伝えます。子供（こども）に注意をするのは先生の仕事です。先生だったら上手に注意してくれると思います。また、スカートめくりがあったことを先生が知っていれば、その子以外にも同じことをしている子はいないか気をつけてくれるはずです。先生に伝えるのがよいと考えます。

☐Q3　特に何もしない。

　私は特に何もしません。低学年の子がスカートをめくるのは大きな問題でしょうか。幼（おさな）い時はそういうことをしてしまうのです。何度もしていたら先生が気づくでしょう。その時に先生が注意をすればよいのです。1回その場を見たからといって、特に何かをする必要はないと考えます。

☐授業でいちばん考えたこと　　☐新しく学んだこと
☐いちばん大切だと思ったこと　☐これからやってみようと思ったこと

高学年―集団や社会との関わりに関すること（より良い学校生活・集団活動の充実） 133

関連教材

『六年生の責任って？』 6年光村

〈授業のねらい〉
　低学年の問題行動を見たとき、高学年としての行動を考えさせる。
〈本教材を使った子供の見取りと評価規準〉
　低学年の問題行動を見たときの対応を考えさせることで、高学年として望ましい行動をどのように実践していくのか見取る。
〈各項目への反論例〉
　Q１への反論例…注意をするのは大切かもしれないけれど、なかなか言いにくいと思います。
　Q２への反論例…その場で注意をした方が効果があるはずです。
　Q２への反論例…してはいけないことを見逃すことになり、その子のためにならないと考えるから反対です。

〈教師の語り例〉
　「セクシャルハラスメント」という言葉を知っていますか。相手が嫌がる性的な行動や発言をすることです。スカートめくりもその一つでしょう。高学年としてこのような問題に関心をもち、課題や解決策などを考えていってほしいと思っています。また、スカートめくりというのは一つの例です。今回の授業が、低学年の児童が何か良くないことをしていたとき、高学年としてどのように対応するのが望ましいのか考えるきっかけにしてください。

〈80字限定、評価と所見記入例〉　※ねらいに即した記述がなされていればよい
評価文例①
　低学年の問題行動に対し、どんな対応をするのか考えました。その場で注意して、やめさせるのが高学年として大切であると考えることができました。
評価文例②
　集団生活の授業で、小さな子に注意をするときは、言い方に気をつける必要があることを学んでいました。より良い学校にするため、高学年としての自覚が芽生えてきています。
評価文例③
　高学年としての責任について、低学年の児童との関わりから考えました。良くない行動を見たときは声かけすべきか悩みながら、様々な立場の友達と意見を交わしました。
評価文例④
　学校生活における学習で、「低学年のトラブルを見たときは自分で対応する前に、担任の先生などにきちんと伝えたい」と発表しました。

組　名前（　　　　　　　　　　）

あまり興味がなくても長年続く地域(ちいき)の伝統行事（お祭りのおはやしやおみこしなど）には参加した方がよいでしょうか。

自分の意見に近いものを一つ選び、チェックを入れましょう。

☐Ｑ１　参加したほうがよい。

　私(わたし)は参加した方がよいと考えます。長年続く伝統行事はその地域で大切にされてきたはずです。きっと多くの人が関わってきたのでしょう。そこに参加するのはとても意味のあることです。参加することで興味がわくこともあるでしょう。何事もやってみなければ分からないのです。それにおはやしをやったり、おみこしをかついだりするのはなかなか体験できることではありません。機会があるなら、積極的に参加するべきだと思います。

☐Ｑ２　参加しなくてよい。

　私は参加しなくてもよいと考えます。伝統行事は大切ですが、なにも自分がやらなくてもよいと考えます。興味のある人がやればよいと考えます。特におはやしに参加するとなると、練習する時間も必要になります。私はそのような時間を、自分の興味のあることに使いたいです。もし参加する人が減って、その行事がなくなってしまったとしても、それはそれで時代の流れなので仕方ないかとも思います。

☐授業でいちばん考えたこと　　☐新しく学んだこと
☐いちばん大切だと思ったこと　☐これからやってみようと思ったこと

高学年―集団や社会との関わりに関すること（伝統や文化の尊重） 135

関連教材

『親から子へ、そして孫へと』 5年東書／『和太鼓調べ』 5年日文

〈授業のねらい〉

　地域の伝統行事についてその価値を考えさせる。

〈本教材を使った子供の見取りと評価規準〉

　伝統行事に参加するかどうかを考えさせることで、行事の良さや価値をどう考えているのか見取る。

〈各項目への反論例〉

　Q1への反論例…興味がないのに参加すると、他の人に迷惑がかかると思うので反対です。

　Q2への反論例…伝統的な行事には近所の子供も多く参加すると思うので、参加した方がよいと思います。

〈教師の語り例〉

　地域には様々な伝統行事があります。有名なお祭りでは京都の祇園祭、大阪の天神祭、東京の神田祭があり、日本の三大祭と言われています。その他にも「青森のねぶた祭」「徳島の阿波踊り」なども有名です。神田祭では大きな神輿が目を引く一方、かわいらしい子供神輿もあります。また祇園祭では、10歳ぐらいからお囃子の練習を始める子がいるそうです。もちろん、そこに参加するかどうかは本人の自由です。日本にはお祭り以外にも多くの伝統行事があります。参加するしないにかかわらず、みんなで大切にしていくという気持ちはもっていてほしいです。

〈80字限定、評価と所見記入例〉　　　　　　※ねらいに即した記述がなされていればよい

評価文例①

　受け継がれてきたお神輿やお囃子などに参加するかどうかを考える中で、地域の行事が人々に大切にされてきたことに気付き、「自分は参加したい」と発表することができました。

評価文例②

　地域の伝統行事について考えました。伝統行事を残すためには人々の協力が必要なことを新たに学び、自分にできることを考えました。

評価文例③

　読み物から伝統行事の意義を理解しながらも、実際に守っていくのは簡単ではないと考え、様々な立場の人と話し合いを重ねていました。

評価文例④

　郷土を大切にする学習の中で、昔から行われてきた行事について考えました。行事が長く続いているのは価値があることだから、今後できるだけ参加したいと感想を書きました。

組　名前（　　　　　　　　　　）

お城を修理する際に、「外側は変えずに城内は博物館のようにするのがよいのではないか」という話が出ました。あなたはどう思いますか。

自分の意見に近いものを一つ選び、チェックを入れましょう。

☐Q１　博物館のようにするのがよい。

　私は博物館のようにするのがよいと思います。外側を変えるとお城らしさがなくなってしまいますが、城内は問題ないと思います。お城が建てられたときに使われていた物などを展示するのがよいです、お城の構造などを学ぶだけでなく、さまざまな勉強にもなります。実際、城内を建てかえ、博物館のようにしているお城はあります。お城の部屋を見るだけより、よいのではないでしょうか。

☐Q２　そのまま残した方がよい。

　私はそのまま残した方がよいと思います。お城に行くときは、やはりお城そのものを見に行くのです。外側だけ、つまり見た目だけが大切なのではありません。博物館のようにしてしまうと、雰囲気がこわれます。当時の人がどんな暮らしをしていたのか、そのまま見ることが大切だと思います。お城はお城、博物館は博物館と分ければよいのです。よって私はそのまま残すのがよいと思います。

☐授業でいちばん考えたこと　　☐新しく学んだこと
☐いちばん大切だと思ったこと　☐これからやってみようと思ったこと

高学年—集団や社会との関わりに関すること（伝統と文化の尊重）　137

── 関連教材 ──
『天下の名城をよみがえらせる　—姫路城—』6年日文

〈授業のねらい〉
　歴史的建物の価値や残していく意味を考えさせる。
〈本教材を使った子供の見取りと評価規準〉
　城内を博物館に変えるかを考えさせることにより、歴史的な建物の価値や保存の仕方についてどう考えているのか見取る。
〈各項目への反論例〉
Q1への反論例…変えるのに多くの時間と費用がかかると思います。
Q2への反論例…博物館にしていろいろな物を展示した方が、お客さんが楽しんで見学できると思います。

〈教師の語り例〉
　城の中が博物館になっている城はいくつかあります。大阪城や神奈川県の小田原城などがそうです。エレベーターが付いている城もあります。一方、改修や修理などはしていますが、ほぼそのまま残している城もあります。長野県の松本城や、兵庫県の姫路城などです。博物館にするかそのまま残すかは、城の価値をどう考えるかによると思います。歴史を学ぶための施設と考えれば博物館はよいでしょう。歴史を感じることに重点を置けばそのままがよいと思います。どちらにしても、歴史的な価値のある建物を大切にし、後世に残していくことが大事だと思います。

〈80字限定、評価と所見記入例〉　　　　　　※ねらいに即した記述がなされていればよい

評価文例①
　城の保存を例に、歴史的な建物の価値について考えました。できる限りそのままの形で残していくことで、価値が守られていくのではないかと考えることができました。

評価文例②
　古くて価値のある建物はそのまま残していく方がよいと発表しました。一方、友達の意見を聞いて、歴史的な価値というのは様々な観点から考えられることも学んでいました。

評価文例③
　伝統的な建物はそのまま残すのも大切だが、多くの人が楽しめるように工夫することも大切であると、城の改修をテーマにした学習で考えることができました。

評価文例④
　郷土を大切にする学習の中で、歴史的な建物の良さを改めて考えていました。「今後城や様々な建物を見学したい」と発表していました。

青年海外協力隊などで活やくしている人がいます。あなたも将来海外に出て、その国のために働きたいと考えますか。それとも考えませんか。

自分の意見に近いものを一つ選び、チェックを入れましょう。

☐ Q1　働きたいと考える。

　私は働きたいと考えます。海外に出て、自分の力を発揮するのは素晴らしいことだと思うのです。テレビで世界で活やくする日本人がしょうかいされることがあります。どの人も目標や夢をもってその国のために活動しています。そして、現地の人に大変感謝されています。私もそのような活動を通して海外で活やくできる人になりたいです。よって私は、世界に出て、その国のために働きたいです。

☐ Q2　働きたいと考えない。

　私は働きたいとは考えません。海外で活やくするのは素晴らしいと思いますが、リスクもあると考えるからです。発展途上国では、水道や電気などが整備されていない場所があります。犯罪にあう可能性もあります。海外に出なくても、世界を支えんすることはできます。例えばユニセフにぼ金をするのもその一つでしょう。よって私は、将来世界に出て働きたいとは考えません。

☐授業でいちばん考えたこと　　☐新しく学んだこと
☐いちばん大切だと思ったこと　☐これからやってみようと思ったこと

高学年—集団や社会との関わりに関すること（国際理解・国際親善）

─ 関連教材 ─
『ペルーは泣いている』５年日文、他／『エンザロ村のかまど』６年東書／『ブータンに日本の農業を』６年光村

〈授業のねらい〉
　自分にできる方法で国際貢献しようとする態度を養う。

〈本教材を使った子供の見取りと評価規準〉
　海外で働きたいと思うか考えさえることで、自分にできる海外貢献の仕方をどう考えているのか見取る。

〈各項目への反論例〉
Ｑ１への反論例…言葉を通じさせることだけでも難しいと思うので、働く
　　　　　　　　のは大変だと思います。
Ｑ２への反論例…海外に出た方が直接その国のためになることができるの
　　　　　　　　で反対です。

〈教師の語り例〉
　2018年までに青年海外協力隊として、４万人以上の日本人が90カ国へ派遣されて行きました。職業は、教師、医師、農家、パティシエなど様々です。「ボランティアに興味があった」とか「海外で働きたかった」「友達が参加していた」など参加した理由も様々です。一方海外で働くのは難しいと考える人もいるでしょう。先生も海外で働きたいかといわれると考えてしまいます。しかし、何かしらの形で世界に貢献をしたいです。皆さんにも世界に目を向けて、できることをするという意識はもっていてほしいと考えます。

〈80字限定、評価と所見記入例〉　　　　　　　　※ねらいに即した記述がなされていればよい

評価文例①
　国際貢献について学びました。将来海外で働くのは難しいと思うが、募金など自分のできることで貢献していきたいと考えていました。

評価文例②
　海外で活躍している人の話から、国外で働く意味を考えました。海外で、その国のために力を発揮したいと、感想を書いていました。

評価文例③
　海外で力を発揮することの素晴らしさを感じていました。もしチャンスがあったら、自分も話の主人公のように海外に出てその国に貢献したいと発表しました。

評価文例④
　『エンザロ村のかまど』という読み物から、世界に貢献する素晴らしさを感じた一方で、その難しさについても考え、「これから自分のできることをしていきたい」と発表しました。

組　名前（　　　　　　　　　）

あなたの親や祖父母が生命に関わる病気になってしまったとき、どこまで本人に伝えますか。

自分の意見に近いものを一つ選び、チェックを入れましょう。

☐Q1　全て伝える。

　私は全て本人に伝えます。病気になったときこそ残りの時間を大切にして生きていってほしいです。あと何年生きられるとか、どんなことができるとかを本人に伝えます。そうすれば何がしたいのかいっしょに考え、行動できるようになります。これは全て伝えるからこそできるのです。

☐Q2　生命に関わることだけかくして、その他を伝える。

　私は命に関わることだけかくして、その他を伝えます。病気になり本人は落ちこんでいるはずです。「命に関わる」など言うべきではありません。今後の治りょう法などを伝え「がんばれば絶対に治る」という気持ちをもたせます。

☐Q3　病名などをふくめ、いっさい伝えない。

　私は病名などをふくめ、いっさい伝えません。必ず良くなるとだけを伝え続けます。今は情報が多いので病名を知るだけでも、自分がどんな状態なのか調べることができます。本当のことを知ったら大きなショックを受けるでしょう。いっさい伝えないことだけがその人のためになるのです。

☐授業でいちばん考えたこと　　☐新しく学んだこと
☐いちばん大切だと思ったこと　☐これからやってみようと思ったこと

高学年―生命や自然、崇高なものとの関わりに関すること（生命の尊重） 141

― 関連教材 ―
『おばあちゃんが残したもの』5年東書／『その思いを受けついで』6年日文、他

〈授業のねらい〉
　生命の大切さを考えさえ、尊重する態度を育成する。

〈本教材を使った子供の見取りと評価規準〉
　家族が生命に関わる病気になったときの対応を考えさせることで、命を大切にすることについてどう考えているのか見取る。

〈各項目への反論例〉
Q1への反論例…伝えることはとても辛いので反対です。
Q2への反論例…本人から命に関わるのか聞かれたときにどう答えてよいのか分からないので、隠すのは難しいです。
Q3への反論例…自分だったら本当のことを知らせてほしいです。親や祖父母も同じ気持ちだと思います。

〈教師の語り例〉
　病気の状態を患者に伝えることを「病名の告知」と言います。最近、積極的に告知をする方向に向かっているそうです。病気について理解してもらい、治療に取り組んでもらうことが目的です。一方、患者本人には病気のことを伝えたくないと考えている人もいます。大切なことは、病気になった本人が、前を向いて生きていけるようにすることでしょう。どんなときでも命を大切にする、そんな人になってほしいと思います。

※ねらいに即した記述がなされていればよい

〈80字限定、評価と所見記入例〉
評価文例①
　生命の大切さについて考えました。家族が病気になったとしても、一緒に病気と向かい合い乗り越えていきたいと考え、発表しました。

評価文例②
　家族の病気に向き合う主人公の強さを感じながらも、自分だったら受け入れられるかどうか悩んでいました。生命がかけがえのないものであることを改めて学んでいました。

評価文例③
　家族と共に生きていくこと、命を敬うことの大切さを考えました。命はいつかなくなるけれど、精一杯生きることがいちばん大切とノートに書くことができました。

評価文例④
　病気の告知を例にして、命について考えました。どんな状況でも前向きに生きていく大切さを知り、「自分もそうありたい」と発表しました。

組　名前（　　　　　　　　　）

道路やし設を造るために森林を切り開く必要があります。開発をし、便利さを優先(ゆうせん)させるべきでしょうか。自然を残すのを優先させるべきでしょうか。

自分の意見に近いものを一つ選び、チェックを入れましょう。

□Q1　便利さを優先させる。

　私(わたし)は開発を進めて便利さを優先させるべきだと考えます。私たちはより便利な暮(く)らしを求めています。大きな道路を造れば、それだけ移動が楽になります。立派(りっぱ)な体育し設を造れば、運動を楽しむ人が増えます。そもそも今ある建物や道路など全ての物はもともとなかったのです。人間が自然を切り開き、造ってきた物です。自然を残すことの大切さは十分分かります。しかし、これからも人間にとって必要な道路やし設を造っていくことも重要だと考えます。

□Q2　自然を残すのを優先させる。

　私は自然を残すことを優先させるべきだと考えます。自然は元にもどすのに多くの時間を必要とします。現状でも、私たちは十分豊かな暮らしを手に入れていると思います。これから先は、自然を大切にする暮らしを求めていってはどうでしょうか。自然破かいやかん境の悪化がよく言われていますが、結局は私たちが便利さを求めすぎているのだと考えます。自然を残すのを優先させるべきです。

□授業でいちばん考えたこと　　□新しく学んだこと
□いちばん大切だと思ったこと　□これからやってみようと思ったこと

高学年―生命や自然、崇高なものとの関わりに関すること（自然愛護）

関連教材

『一ふみ十年』5年東書・日文・光村、他／『緑の闘士　―ワンガリ・マータイ―』6年日文

〈授業のねらい〉
　自然を守っていくことの大切さと難しさを考えさせる。
〈本教材を使った子供の見取りと評価規準〉
　便利さを優先させるのか、自然を残すのかを検討させることで、開発と自然保護のバランスをどう考えているのか見取る。
〈各項目への反論例〉
Q1への反論例…新しい物を造るのではなく、今ある物を生かしていけばよいと思います。
Q2への反論例…新しい施設を造ることは、日本の発展にもつながっていくので反対です。

〈教師の語り例〉
　日本の国土の約70％が森林です。今、開発と自然保護を両立させる取り組みが進んでいます。「エコロード」という道路があります。高速道路などを造る際、山の斜面に合わせて道路を造り、不必要な木の伐採をしない。完成した後、新たに木を植える。近くに動物が通る道を造って、動物たちが安全に暮らせるようにする。こうして造られるのがエコロードです。便利さと自然保護どちらを優先させるのか、大変難しい問題です。開発を進めながらも自然に配慮することを忘れてはいけないと先生は考えました。

〈80字限定、評価と所見記入例〉　※ねらいに即した記述がなされていればよい

評価文例①
　開発と自然保護について考えました。自然保護は大切だけれど、開発を進め豊かな生活を求めるのも重要だとの立場で話し合っていました。

評価文例②
　自然を守ることは難しいことを理解しながらも、現在は環境に配慮した事業も進められていることを新たに学びました。今後も自然を大切にしたいと学習をまとめていました。

評価文例③
　自分が自然の中で活動した経験と結びつけ、開発と自然保護の両立を考えました。「自然を楽しむための開発もあると思う」と発表し、課題に対して深く考えることができました。

評価文例④
　人間が自然の中で生かされていることに気づき、今後自分にできる自然保護の取り組みをしていきたいとノートに書くことができました。

組　名前（　　　　　　　　　）

あなたは、どちらかといえば、自然は美しいものだと考えますか。それとも、おそろしいものだと考えますか。

自分の意見に近いものを一つ選び、チェックを入れましょう。

☐Q1　美しいもの

　私（わたし）にとって自然は美しいものです。春夏秋冬、自然はそれぞれちがう姿（すがた）を見せてくれます。例えば、木々で考えてみます。春には桜がさき、夏には緑があふれます。秋には木々が色づき、冬には葉を落とします。また、私たちは自然のめぐみを受けて生活しています。自然の中で楽しむこともできます。そのような観点から、私は自然は美しいものだと考えます。

☐Q2　おそろしいもの

　私にとって自然はおそろしいものです。地しん、台風、たつ巻（まき）など自然災害に人々はなやまされてきました。これらの自然災害は、多くのひ害をもたらします。テレビなどでひ害の様子がよく伝えられます。特に日本では地しんや台風のひ害が多いです。家がこわされたり、車が流されたりする映像（えいぞう）を見たことがあります。これらの災害を防ぐことは難（むずか）しいです。自然の前では人間は無力です。やはり私は、自然はおそろしいものであると考えます。

☐授業でいちばん考えたこと　　☐新しく学んだこと
☐いちばん大切だと思ったこと　☐これからやってみようと思ったこと

高学年―生命や自然、崇高なものとの関わりに関すること（感動・畏敬の念）

> ── 関連教材 ──
> 『ひさの星』5年東書／『宇宙から見えたもの』5年光村／『夜空〜光の旅』6年東書

〈授業のねらい〉
　自然を大切にする心情を養う。
〈本教材を使った子供の見取りと評価規準〉
　自然が美しいものか恐ろしいものか考えさせることによって、自然のもつ崇高さや恐ろしさをどう考えているのか見取る。
〈各項目への反論例〉
Ｑ１への反論例…災害の恐ろしさは美しさを上回ると考えるし、恐ろしさを忘れないことが災害を防いでいくと思います。
Ｑ２への反論例…普段の生活で、私たちは自然を楽しんでいるので、恐ろしいとは考え過ぎです。

〈教師の語り例〉
　自然と人間の生活は切り離すことができません。自然は私たちに多くの恵みを与えてくれます。一方、自然は時に大きな被害を私たちに与えてきました。東日本大震災を先生は今でも忘れることはできません。自然は美しいものか恐ろしいものか、この二つをどう考えるかは、皆さんのこれまでの経験が影響しているでしょう。自然には美しさ、恐ろしさの両面があります。どんなに科学が発展しようとも私たちは自然の中で生きていきます。自然を大切にし、敬う気持ちを忘れてはいけないと思います。

〈80字限定、評価と所見記入例〉　　※ねらいに即した記述がなされていればよい
評価文例①
　自然の美しさ、恐ろしさの両面を比較し、自然と人との関わりについて深く考えました。自然を敬うことの大切さを学習していました。
評価文例②
　自然はどちらかといえば恐ろしいものであるという立場で、話し合いをしました。恐ろしいと思うことが自然を守る意識につながるのではないかと考えることができました。
評価文例③
　自然と人との関わりを考えました。私たちは自然の中で生きているから、大切にするという意識が重要であるとノートにまとめていました。
評価文例④
　自然の大切さについて学びました。美しさと恐ろしさの両面をじっくりと考え、意見を発表していました。また、自然をこれからも大切にしていきたいと決意していました。

組　名前（　　　　　　　　　）

友達や家族など自分以外の人を幸せにするのは素晴らしいことです。では、だれかを幸せにすることは、相手のためにしているのでしょうか。自分のためにしているのでしょうか。

自分の意見に近いものを一つ選び、チェックを入れましょう。

□Q1　相手のためにしている。

　私は相手のためにしていると考えます。例えば、友達の誕生日にプレゼントをわたしたとします。きっと相手は幸せな気持ちになるでしょう。それは相手のためにしているのであって、自分のためにしているのではありません。それに、だれかを幸せにするということは、やさしく接するということだと考えます。だれかにやさしくするとき、それを自分のためと考える人はいないのではないでしょうか。

□Q2　自分のためにしている。

　私は自分のためにしていると考えます。例えば、宿題が終わらず、困っている友達がいたとします。手伝ったら相手は助かります。私は「ありがとう」と言われるでしょう。そのとき、私は幸せな気持ちになります。つまり、相手が幸せになると自分も幸せになるのです。それに、だれかに親切にすると、いつか自分も親切にされると思います。だれかを幸せにすることは、結局自分ためになるのです。

□授業でいちばん考えたこと　　□新しく学んだこと
□いちばん大切だと思ったこと　□これからやってみようと思ったこと

高学年―生命や自然、崇高なものとの関わりに関すること（感動・畏敬の念）

関連教材

『ひさの星』 5年東書／『青の洞門』 6年東書・日文／『マザー＝テレサ』 6年光村

〈授業のねらい〉

　誰かを幸せにする価値を考えさせ、それを大切にする心情を育てる。

〈本教材を使った子供の見取りと評価規準〉

　誰かを幸せにすることについて考えさせることで、他人のために動くことができるという崇高な心についてどう考えているのか見取る。

〈各項目への反論例〉

　Q１への反論例…人は自分のために動くことが多いと思います。結局は自分ために何かをしているのではないですか。

　Q２への反論例…自分のために誰かを幸せにしているという考え方は寂しい感じがします。

〈教師の語り例〉

　他者を優先させることを利他といいます。京セラ、ＫＤＤＩを設立した稲森和夫氏は「利他、他人をよくしてあげようという優しい思いやりをベースに経営していきますと、会社は本当によくなります」と述べています。利他の心は誰かを幸せにすることに通じます。それは、大変尊い心だと先生は思います。それが他者のためであっても自分のためであっても相手を思いやる気持ちに変わりはありません。ぜひ、皆さんも誰かを幸せにできる人になってほしいと思います。

〈80字限定、評価と所見記入例〉　　　　　※ねらいに即した記述がなされていればよい

評価文例①

　誰かを幸せにすることについて考えました。人が喜んでいるのを見ると自分もうれしくなるから、人の幸せと自分の幸せは関係しているとノートにまとめていました。

評価文例②

　幸せとは何か考えました。人を幸せにすることが自分の幸せにもつながるという考えに共感してました。自分の考えを広げていました。

評価文例③

　「誰かを幸せにするのは、相手のためか自分のためか」というテーマで話し合いました。どちらにしても、相手を思いやる気持ちが大切であると考えを述べていました。

評価文例④

　「学校生活で、もっと友達を喜ばせていきたい」と幸せをテーマにした学習で考えました。これからも実践してくれることを期待します。

組　名前（　　　　　　　　）

「努力を続ければ、いつか夢はかなう」。この考え方にあなたは賛成ですか。反対ですか。

自分の意見に近いものを一つ選び、チェックを入れましょう。

☐Q1　賛成

　私は賛成です。夢をかなえるただ一つの方法は、努力を続けることです。「保育士になりたい」「警察官(けいさつかん)になりたい」その夢に向かって努力していくのです。もちろん実現不可能な夢もあります。例えば、すぐにオリンピックに出たいなんて夢は不可能でしょう。しかしそれは、夢といえるのでしょうか。自分の夢は自分の手の届(とど)くはん囲で決めていくものです。それは努力を続けることでかなえることができます。よって私は賛成です。

☐Q2　反対

　私は反対です。努力することで夢に近づくことはできるでしょう。しかし、かなえられるかというと疑問(ぎもん)が残ります。「努力を続ければ夢をかなえることができる」と多くの有名人が言っています。それは夢をかなえた人だから言えるのです。夢をかなえることができずに、大人になった人はたくさんいます。夢の実現に向け努力することは大切ですが、かなうかどうかは別問題です。よって私は反対です。

☐授業でいちばん考えたこと　　☐新しく学んだこと
☐いちばん大切だと思ったこと　☐これからやってみようと思ったこと

高学年―生命や自然、崇高なものとの関わりに関すること（より良く生きる喜び）

> **関連教材**
> 『そういうものにわたしはなりたい～宮沢賢治』5年東書／『のび太に学ぼう』5年日文／『義足の聖火ランナー』6年東書／『スポーツの力』6年日文／『まどさんからの手紙――こどもたちへ』6年光村／『一さいから百さいの夢』6年光村

〈授業のねらい〉
　夢の実現について考え、努力する心情を養う。

〈本教材を使った子供の見取りと評価規準〉
　努力を続ければ夢はかなうのか考えさせることによって、努力することの意味をどう考えているのか見取る。

〈各項目への反論例〉
Q1への反論例…夢の大きさは人によって違うので、かなわない夢もあります。努力のすべてが実を結ぶわけではないです。
Q2への反論例…努力する中で夢を変えればいいし、やればできるという気持ちが大切なので反対です。

〈教師の語り例〉
　王貞治というプロ野球選手がいます。868本のホームランを打った有名な選手です。王選手は「努力は必ず報われる。もし報われない努力があるのなら、それはまだ努力とは言えない」と言いました。今回の課題は夢の実現をどう捉えるかによって変わります。一つ夢がかなわなかったとします。そこで「夢がかなわなかった」とするか、別の夢に変えて達成すれば「夢がかなった」と考えるのか。夢をもって努力をしていくことは大きな意味があると先生は考えます。

〈80字限定、評価と所見記入例〉　※ねらいに即した記述がなされていればよい

評価文例①
　夢の実現について考えました。努力することが夢を実現するために必要であると、努力の価値について考え、発表することができました。

評価文例②
　努力することの価値を考えました。すべてが報われるとは限らないが、私は夢に向かって努力をしていくと決意を新たにしていました。

評価文例③
　主人公が夢を実現するために努力をする姿に共感していました。一方、すべての努力が実を結ぶわけではないという考えも理解し、夢を実現する難しさを感じていました。

評価文例④
　教師になる夢を実現させるため、何をすべきか考えていきたいとノートに書きました。これから努力する姿が見られるのが楽しみです。

執筆者一覧

編・著　村野聡　東京都公立学校教員
　　　　保坂雅幸　東京都公立学校教員

第1章　低学年編
樋川雅乃　東京都公立学校教員
植木和樹　東京都公立学校教員
田中悠貴　東京都公立学校教員
小島庸平　東京都公立学校教員
保坂雅幸　東京都公立学校教員

第2章　中学年編
村野聡　東京都公立学校教員
大谷貴子　東京都公立学校教員
友野元気　東京都公立学校教員
君島幸紀子　東京都公立学校教員
中島詳子　東京都公立学校教員
黒田陽介　東京都公立学校教員
谷口大樹　東京都公立学校教員

第3章　高学年編
保坂雅幸　東京都公立学校教員

〈著者紹介〉
村野 聡（むらの・さとし）
1963年　東京都生まれ
現在、国立市立国立第六小学校主幹教諭
TOSS青梅教育サークル代表
東京向山型社会研究会所属
【著書】
『二百字限定作文で作文技術のトレーニング』（1996）
『作文技術をトレーニングする作文ワーク集』（1999）
『クロスワードで社会科授業が楽しくなる！』（2005）
『社会科「資料読み取り」トレーニングシート』（2008）
『社会科「重点指導事項」習得面白パズル』（2009）
『新版　社会科「資料読み取り」トレーニングシート５年編』（2010）
『新版　社会科「資料読み取り」トレーニングシート６年編』（2010）
『ピンポイント作文トレーニングワーク』（2012）
『ピックアップ式作文指導レシピ33』（2014）〔以上、明治図書〕
『200字ピッタリ作文　★指導ステップ＆楽しい題材テーマ100』（2018）
『うつす・はなす・つくる の３ステップ　スラスラ書ける作文ワーク厳選44』（2018）
〔以上、学芸みらい社〕

保坂 雅幸（ほさか・まさゆき）
1980年　東京都生まれ
現在、立川市立第十小学校主幹教諭
TOSS立川教育サークル代表
TOSS青梅教育サークル所属
【編著書】
『新版　社会科「資料読み取り」トレーニングシート３・４年編』（2010）〔明治図書〕

新道徳授業が10倍イキイキ！
対話型ワークシート題材70
―全単元評価語一覧付き―

2019年3月20日　初版発行

編著者　村野　聡・保坂雅幸
発行者　小島直人
発行所　株式会社 学芸みらい社
　　　　〒162-0833 東京都新宿区箪笥町31 箪笥町SKビル
　　　　電話番号 03-5227-1266
　　　　https://www.gakugeimirai.jp/
　　　　e-mail : info@gakugeimirai.jp
印刷所・製本所　藤原印刷株式会社
装丁デザイン・小沼孝至
企画・樋口雅子／校正・大場優子

落丁・乱丁本は弊社宛にお送りください。送料弊社負担でお取り替えいたします。

©Satoshi Murano / Masayuki Hosaka 2019 Printed in Japan
ISBN978-4-909783-02-8 C3037